Neue Geschichten, die das Leben erzählt,
weil der Tod sie geschrieben hat

Mechthild Schroeter-Rupieper

Neue Geschichten, die das Leben erzählt, weil der Tod sie geschrieben hat

Patmos Verlag

VERLAGSGRUPPE PATMOS

PATMOS
ESCHBACH
GRÜNEWALD
THORBECKE
SCHWABEN

Die Verlagsgruppe
mit Sinn für das Leben

MIX
Papier aus verantwortungsvollen Quellen
FSC® C014138

Klimaneutral
Druckprodukt
ClimatePartner.com/14549-2003-1001

Die Verlagsgruppe Patmos ist sich ihrer Verantwortung gegenüber unserer Umwelt bewusst. Wir folgen dem Prinzip der Nachhaltigkeit und streben den Einklang von wirtschaftlicher Entwicklung, sozialer Sicherheit und Erhaltung unserer natürlichen Lebensgrundlagen an. Näheres zur Nachhaltigkeitsstrategie der Verlagsgruppe Patmos auf unserer Website www.verlagsgruppe-patmos.de/nachhaltig-gut-leben

Verlagsgruppe Patmos in der Schwabenverlag AG, Ostfildern
www.verlagsgruppe-patmos.de

Umschlaggestaltung: Finken & Bumiller, Stuttgart
Umschlagabbildung: xyz/shutterstock.com
Gestaltung, Satz und Repro: Schwabenverlag AG, Ostfildern
Lektorat: Andrea Langenbacher, www.andrealangenbacher.de
Druck: Finidr s.r.o. Český Těšín
Hergestellt in Tschechien
ISBN 978-3-8436-1378-1

Inhalt

VORWORT

Als ich mich spätabends an den Schreibtisch setze, um das Vorwort für dieses Buch zu schreiben, ruft mein Mann aus dem Schlafzimmer runter: »Schatz, ich lege mich jetzt hin. Ich mach schon mal deine Nachttischlampe an …« »Danke!«, rufe ich, lehne mich zurück und erinnere mich an einen Abend mit der Trauergruppe für Verwitwete vor einigen Tagen.

Wir saßen auf der Terrasse hinter dem LAVIAhaus und knüpften Knoten in buntmelierte Bänder, die wir später an die Äste eines Ginkgobaums binden wollten, auf dass der Wind unsere Wünsche und Gedanken mitnehme. Knoten »lesen«, da waren wir uns alle einig, können die geliebten Menschen, die nun nicht mehr im Leben in Persona an unserer Seite stehen.
Unser Familientrauerbegleitungsteam hatte dazu einige Impulse für die Gruppenteilnehmer:innen vorbereitet:
Knüpfe …
… einen bis drei Dankbarkeits-Knoten für deine:n geliebte:n Verstorbene:n.
… einen bis drei Dankbarkeits-Knoten für Dinge und Menschen, die dir in der schweren Zeit gut waren.
… einen bis drei Knoten für Dinge und Situationen, die dir vielleicht im Nachhinein leid tun.
… einen bis drei Knoten, was du noch erzählen möchtest: Was dich stolz macht, was du bisher geschafft hast … und was ihn oder sie deshalb vielleicht auch stolz machen würde.
… einen bis drei Knoten, was du ihm oder ihr dort, wo er oder sie jetzt ist, wünschst.
… einen bis drei Knoten, was du dir selbst wünschst.

Nach jedem Impuls und dem »Schreiben per Knoten« konnten die Teilnehmer:innen etwas dazu sagen. Manchmal erzählten alle, dann nur mal eine, manchmal sagte niemand etwas.

In meiner Kleingruppe, in der wir zu fünft saßen, war auch Susanne dabei, die seit zwei Jahren unsere Trauergruppe besucht. Ihr Mann Thomas verstarb überraschend im Sommerurlaub. Ihr halbes Leben hatten die beiden bisher miteinander verbracht, und dann – von jetzt auf gleich war so vieles Vergangenheit, Schmerz und Fassungslosigkeit.

Beim Knüpfen der Dankbarkeitsknoten sagt auf einmal jemand: »O je, drei Knoten reichen da aber nicht!« Die drei anderen stimmen zu. »Ihr könnt jedes Mal so viele Knoten oder auch gar keine machen, so, wie es sich für euch richtig anfühlt«, sage ich.

»Dankbar bin ich für diese vielen kleinen Selbstverständlichkeiten, die mir erst im Nachhinein als ein so großer Schatz bewusst geworden sind«, sagt Susanne. Alle nicken, geht es ihnen doch ebenso.

»Wisst ihr«, fährt Susanne fort, »als vor einigen Jahren dieses Lied ‚Ich lass für dich das Licht an' von Revolverheld so bekannt wurde, da sagte ich zu meiner Arbeitskollegin: ‚Was für eine Schnulze, wie kitschig ist das denn!' Sie schaute mich an und sagte lachend: »Ja, aber das Lied passt doch genau zu dir und zu deinem Mann. Er steht auch abends vom Sofa auf, geht noch mal runter und fährt deinen Wagen rückwärts in die Garage, damit du morgens bequem vorwärts rausfahren kannst.«

Susanne guckt uns an, berührt und auch lächelnd. »Ja, Thomas war wirklich so einer, das ist wahr. Und als er starb, da haben wir das Lied im Friedwald abgespielt. Und wir erkannten ihn darin wieder …«

Beim Aufräumen am Ende des Gruppentreffens erzählte ich meinen Team-Kolleg:innen davon. Und als ich danach mit dem Auto nach Hause fuhr, hörte ich mir das Lied gleich an. Wir waren berührt, kennen wir doch alle persönlich und auch beruflich diese riesengroßen Schätze der liebevollen, scheinbar kleinen Selbstverständlichkeiten unserer Liebsten.

Zu Hause angekommen, bekam mein Mann einen Kuss. Sich im Leben bei den Lebenden zu bedanken, das habe ich in meiner Arbeit gelernt. Und ich glaube, dass Susannes Mann aus dem Ginkgobaum auch mindestens einen Kuss bekommen hat.

Wer sich wie Susanne und viele weitere kleine und große Menschen Trauer erlaubt, lässt damit auf Dauer auch liebevolle Dankbarkeit zu. Wer Trauer unterdrückt, unterdrückt damit auch die Liebe. Wer unter Druck steht, wird Störungen entwickeln. Das ist eine altbekannte Tatsache.

Dieses Buch ist in einer turbulenten Zeit entstanden, als in der Ukraine ein Krieg begann, der bei den meisten Menschen Unverständnis und Angst hervorrief. Insbesondere bei alten Menschen wirbelte der Kriegsbeginn Erinnerungen und Trauer auf, die damals nach dem Krieg üblicherweise in eine Schublade gesteckt wurden.
Ebenfalls in dieser Zeit wurde eine Studie von Stöver und Bomball veröffentlicht, die belegt, was wir schon jahrzehntelang tagtäglich bei LAVIA erleben: dass familienorientierte Trauerarbeit, sprich »Familientrauerbegleitung«, bei der Verlustbewältigung und dem damit verbundenen Belastungsabbau hilfreich ist und psychische und physische Folgeschäden abgewendet werden können.
Diese Untersuchung ist eine Bestätigung dafür, dass Familien-Trauerarbeit ein friedliches Miteinander von Grund auf in der Gesellschaft bewirken kann. Wir erleben es bei LAVIA, dass von Verlust betroffene Kinder aufgrund der Krisenbewältigung stärker werden, viele Jugendliche sich ehrenamtlich im Sozialbereich betätigen und Familien wieder miteinander ins Gespräch kommen.
Es ist an der Zeit, dass Sprüche wie »Ein Indianer kennt keinen Schmerz« oder »Die Zeit heilt alle Wunden« aussterben dürfen und immer mehr deutlich wird, dass ganze Kerle und starke Frauen nur diejenigen sind, die neben vielen weiteren Fähigkeiten auch trauern können.

Wie in meinen anderen Büchern ist keine der Geschichten frei erfunden. Alle sind aus meiner Arbeit als Familientrauerbegleiterin entstanden. Ich habe aus meiner Sichtweise geschrieben und lade Sie und euch ein, zu lesen, zu fühlen, zu diskutieren und gerne weiterzuerzählen.

Was veganes Sushi mit Trauerbegleitung zu tun hat

Und andere Geschichten vom Mitgehen

Was es braucht

Ursprünglich wohnte Lena in der Nähe der Nordsee, dann zogen Mutter und Tochter ins Ruhrgebiet. Seit dem Tod der Mutter vor zwei Jahren lebt die 17-Jährige dort in einer Wohngruppe.
Seit einem Jahr kommt Lena in die Jugendtrauergruppe.
»Ich möchte so gerne das Grab von Mama besuchen«, sagte sie kurz vor Weihnachten.
»Wann warst du das letzte Mal dort?«, fragte Kathrin, meine Kollegin.
»An Mamas Beerdigung«, antwortete Lena.
Und so fuhren Kathrin, die Lehrerin und Familientrauerbegleiterin ist, in den Weihnachtsferien mit Lena Richtung Nordsee.
Am Nachmittag erreichte mich eine Nachricht: »Wir sitzen hier auf dem Friedhof vor dem Grab von Lenas Mama, ausgestattet mit Wolldecken unter uns und um uns herum. Beschreiben eine Kerze und hören ›Fury in the slaughterhouse‹. ›Time to wonder‹, das war das Lieblingslied von Lenas Mama. Heute ist es Lenas Lieblingsmusik. Und auf dem Rückweg halten wir an einem Parkplatz an und essen da vegane Sushi.«

In der Familientrauerarbeit geht es um trauernde kleine und große Menschen, die Krisen bewältigen möchten. Dafür braucht es eigene Energie und manchmal auch Möglichmacher:innen von außen. Und die passende Musik, das Meer, eine warme Decke und Sushi.

Papas Bierbauch

Luisa ist zehn Jahre alt, als ihr Vater während eines Familienurlaubs im Ausland überraschend stirbt. Gemeinsam mit ihrer Mutter sitzt sie mir am Küchentisch im LAVIAhaus gegenüber und erzählt vom Todestag, der noch nicht lange zurückliegt. Sie erinnert sich noch daran, dass ihr Papa in jener Nacht so anders geatmet und Mama laut geschrien hat. Als ich frage, ob sie sich wünschen würde, nicht dabei gewesen zu sein, als ihr Papa starb, schüttelt sie den Kopf. Nein, auch wenn es schlimm sei, dass Papa tot ist, sei sie dennoch froh, dass sie dabei war. Anders wäre es ja viel schwieriger zu verstehen, was da geschehen ist. Und so hätte sie bis zum Schluss mit Mama bei Papa sein können.

So etwas höre ich von vielen Kindern und Jugendlichen, die zufällig beim Tod ihrer Eltern anwesend waren – sie wollen das, was gewesen ist, nicht an Geschwister abgeben oder missen, weil sie dem ganzen Entsetzen einen Funken Nähe abgewinnen können. Sie arrangieren sich mit dem Schicksal und entdecken in dem Drama auch so etwas wie ein Geschenk – auch wenn sich Geschenk so unpassend anhört. Aber welches Wort würde bei dieser Beschreibung passen?

Luisa erinnert sich, dass ihr der Notarzt einen kleinen Teddy geschenkt hat. Im Unglück gesehen zu werden und Gutes zu erfahren, kann so wertvoll sein. Im Rückblick sagt Luisa: »Das war so traurig, dass Papa gestorben ist, aber ich bin froh, dass ich da war, dass Mama bei mir war und dass ich einen Teddy geschenkt bekommen habe.«

Und dann schaut sie kurz zu ihrer Mutter und fragt: »Darf ich von ›danach‹ erzählen?« Als diese nickt, fährt sie fort: »Und dann …« Sie strahlt in der Erinnerung und Vorfreude, wie ich wohl gucken werde. »Und dann, als der Arzt gesagt hat, dass man nichts mehr machen kann und der Papa tot ist, durften wir zu ihm in den Wohnwagen reingehen. Und dann haben sich Mama und ich auf Papas Bierbauch gelegt und noch mal gekuschelt.« Bevor ich irritiert nachfragen kann, sagt sie noch: »Das haben wir früher immer

gemacht.« Und die Mutter ergänzt: »Ja, und weißt du noch, was ich dann gesagt habe? ›Luisa‹, habe ich gesagt, ›jetzt kannst du aber nicht von mir erwarten, dass ich mir auch einen Bierbauch wie Papa antrinke.‹« Und dann sitzen wir da und müssen lachen.
Diese Momente sind so erleichternd und es ist wertvoll, dass nicht nur geweint wird, wenn man an den Ehemann und Papa denkt. Echte Trauer und echte Freude machen sich nicht gegenseitig den Garaus.
Luisa schläft jetzt jede Nacht bei der Mama im Bett. Es tut vielen Kindern und manchmal auch den Eltern gut, im Dunkeln, wenn man sich meist mehr allein fühlt, Nähe zu spüren. Wichtig ist nur, dass der Wunsch, gemeinsam in einem Bett zu schlafen, vom Kind, nicht vom Elternteil kommt. Kinder dürfen Hilfe bei den Großen, z. B. bei den Eltern, anfragen. Für Hilfe muss man sich immer jemanden aussuchen, der es aushält, dass man sich anlehnt. Im Bild gesprochen werden Eltern, die sich dauerhaft an ihre Kinder lehnen, diese zum Umstürzen bringen.
Auch Luisa möchte die Nähe der Mama spüren – und ihren Atem. Denn seit Papas Tod hat sie Angst, auch die Mama könne sterben. Ich kenne viele Kinder und auch Erwachsene, denen es ähnlich geht. Oft hilft es in dieser Verlassenheitssorge zu überlegen, was man im Notfall tun und wohin man gehen würde. Wenn ich mit Kindern darüber spreche, nehme ich als Beispiel nicht den gefürchteten Tod der noch lebenden Bezugsperson, sondern meist einen Beinbruch mit anschließendem Krankenhausaufenthalt.
Ich frage Luisa also, was sie tun, würde, wenn ihre Mama wegen eines Knochenbruchs in Krankenhaus müsste. »Dann gucke ich in den Ordner«, sagt Luisa. »In den Ordner?«, frage ich und dann erklären mir Luisa und ihre Mama, dass es zu Hause einen lilafarbenen Luisa-Ordner gibt, in dem alle wichtigen Dinge abgeheftet sind, die Luisa zur Erinnerung und im Notfall benötigt. Was für eine kluge und gute Sache, die Luisa dabei hilft, dass ihr Mut auf Dauer wieder wachsen kann. Solche Dinge sind echte Hilfe zur Selbsthilfe.

Die Zeit wird nicht allein die Wunden heilen, aber mit der Zeit wird Luisa nach dem Aufwachen Morgen für Morgen erleben, dass die Mutter weiterhin lebt. So kann die Angst sich wieder beruhigen und zurückziehen.

Zum Abschluss unseres Treffens frage ich Luisa, ob sie sich noch etwas wünsche, worüber wir jetzt oder beim nächsten Mal sprechen sollen. Sie nickt. »Ja, dass die Mama mehr lacht und nicht mehr weint.« »Da reden wir in der kommenden Woche noch mal drüber«, verspreche ich. »Aber überleg zu Hause mit der Mama schon einmal: Wenn ein Herz manchmal mit Traurigkeitstränen voll ist, die nicht rauskommen sollen, wo passt denn dann noch Fröhlichkeit rein?«

Lust auf Sex?

Eine Kursteilnehmerin, deren Kind vor einigen Jahren verstorben ist, erzählt, dass sie und ihr Mann an dem Abend, nachdem ihr Kind am Mittag tödlich verunglückt war, unbändige Lust auf Sex hatten. Sie verboten es sich jedoch, weil sie dachten: Das geht doch nicht! Wie könnten wir das machen, nun, da unser Kind doch tot ist? Im Beratungsgespräch mit einer Therapeutin einige Tage später verständigte sich das Ehepaar darauf, ab nun das zu tun, was ihnen guttut. Sie wollten sich nicht mehr an »Regeln« halten, die es in Wirklichkeit gar nicht gibt. Denn wo findet man eigentlich eine Vorschrift, in der steht, ob oder ab wann man wieder Sexualität leben darf, nachdem ein naher Mensch gestorben ist?

Eine weitere Situation, die deutlich macht, wie oft und unterschiedlich das Thema Sexualität in Lebens- und Trauerzeiten gehandhabt wird: Die alte Mutter stirbt und ihr Sohn, der nicht weint, aber dennoch sehr traurig ist, will in dieser Nacht mit seiner Ehefrau intim werden. Sie »macht mit«, obwohl sie seine Reaktion nicht versteht, spricht mit ihm aber auch nicht darüber. Denn über »sowas« reden sie nicht. Allerdings fragt sie sich im Stillen und mich etwas später: »Wie kann das sein? Ist das noch normal? Seine Mutter stirbt, er weint nicht, aber Sex machen, das kann er?«

In einer unserer Trauergruppen fragt eine Witwe die anderen Teilnehmerinnen, ob jemand Erfahrung mit einem Callboy habe. Sie mag derzeit keinen festen Partner, ihr Mann ist noch nicht so lange tot. Aber sie vermisst Nähe, Zärtlichkeit. Einen Callboy hat sie noch nie eingeladen, es gab, solange ihr Mann lebte, keinen Grund dafür. Und jetzt? Wäre das nicht eine gute vorübergehende Lösung? Die Gruppenteilnehmer:innen diskutierten hin und her.
»Darf man das?«
»Ja, warum nicht?«
»Ist das, wenn man einen Callboy bestellt, sexuelle Ausbeutung?«

»Wie alt sind diese Männer eigentlich und was, wenn da einer reinkommt und ich plötzlich merke: Nein! Eigentlich will ich nur meinen Mann zurück und keinen anderen im Haus, erst recht nicht im Bett haben!«
»Wo bekomme ich denn eine seriöse Adresse her?«
Fragen über Fragen. Heiterkeit, Ernsthaftigkeit, Sehnsucht, Interesse.
Nein, es gab keinen gemeinsamen Konsens, aber viele Gedanken.

Nicht für alle Trauernden ist Sexualität ein Thema. Manche Männer und Frauen vermissen eher Gespräche auf Augenhöhe, Insiderwitze oder die Möglichkeit, sich an eine Schulter anlehnen zu können. Sie vermissen wahrscheinlich hunderttausend Sachen, aber ganz sicher gerade nicht »das Eine«.
Andere wiederum sind vielleicht durch die Trauersituation angespannt und sie wünschen sich Entlastung, Entspannung, Nähe, Zärtlichkeit und Intimität. Und das ist so normal, wie es das andere auch ist.
In unserer Gesellschaft – und dazu gehört nicht nur die anonyme Allgemeinheit, sondern möglicherweise auch die eigene Ehefrau oder der Freundeskreis – gibt es häufig noch klischeehafte Vorstellungen davon, dass Trauer eher Tränen, Schuldgedanken, Sehnsucht, Wut usw., aber ganz sicher kein sexuelles Verlangen beinhaltet. Zudem ist das Thema bei vielen Menschen ganz grundsätzlich schambesetzt und daher in Trauerzeiten erst recht irritierend, weil sie denken, es wäre eine falsche und unangemessene Empfindung.

Eine 74-jährige Witwe und verwaiste Mutter sagte letztens in der Trauergruppe: »Auf jeden Fall braucht es dieses wichtige Thema! Denn woran oder an wem sollen sich junge bis hin zu uns alten Menschen orientieren, wenn niemand darüber spricht?«
Da hat sie recht, und daher darf es zumindest immer wieder ein Thema in Trauergruppen sein.

Daddy, don't cry!

Der kleine Junge ist fünf Jahre alt. Er lebt mit seinen Eltern und Schwestern seit kurzem in Deutschland. Er spricht schon etwas deutsch, aber heute nur englisch. Denn er ist irritiert und traurig – und trauern kann man am besten in der Muttersprache.

Bevor wir zu seiner toten Mama gehen, holt meine Kollegin Beate Motivtaschentücher aus ihrem Korb. Jedes der Kinder darf sich eins davon aussuchen, sie brauchen es vielleicht, wenn sie bei der Mama weinen müssen.

»And one for your Daddy«, sagen wir und die älteren Geschwister suchen ein Papiertaschentuch mit Smileys heraus. Der Vater ist aufgeregt. Er hat noch nie einen toten Menschen gesehen, und nun ist die erste Verstorbene, die er sieht, seine Frau.

»Ich kann es nicht glauben«, sagt er immer wieder und nimmt die Kinder an die Hand. Irgendwie hat er jedes Kind und jedes Kind ihn an der Hand. Papas können so etwas.

Und dann gehen wir zur Mama in den Raum hinein. Davor hatte ich schon gesagt, dass sie ganz schön aussieht. »Das ist gut. Ja, sie ist schön, oder?«, sagt ihr Mann. Er ist so stolz auf sie, das betont er immer wieder im Laufe des Nachmittags.

Und dann fängt er an zu weinen, als er sie sieht. Ganz laut weint er, und die Kinder schauen ihn verzweifelt an. »Daddy, don't cry! Don't cry!!«, sagt der kleine Sohn und will dem Vater sein eigenes Piratentaschentuch reichen.

Die größeren Geschwister schauen den tieftraurigen Papa an, schauen uns an. Vorerst stumm.

Der Vater hört seinen Sohn nicht, er trauert laut um die Liebe seines Lebens.

»Daddy is crying, because he is so sad, that Mama is dead«, sagen wir zu dem kleinen Kerl und nehmen ihn an die Hand. Nehmen alle an die Hand, eine lange Reihe bilden wir.

Immer wieder erklären wir, warum Daddy weint und traurig ist – und dass er traurig sein darf. Und die Kinder nicken, werden ruhiger und dann laufen ihre eigenen Tränen.

Sie putzen sie weg, mit Piraten, Einhörnern und Pferden auf den Papiertaschentüchern. Mit Händen, mit Fäusten und mit den Ärmeln. Die Tränen laufen immer weiter. Warum auch nicht? Allemal besser, als starr zu bleiben. Es wird wieder aufhören. Das wissen wir – auch wenn man es manchmal nicht glauben mag.

Der Vater sieht nun auf, nimmt die Tränen seiner drei Kinder wahr und sagt nun zu ihnen: »Don't cry. Don't cry!« Und wie wir zuvor den Kindern erklärten, dass die Tränen einen guten Grund haben und sein dürfen, erklären wir es nun dem Vater.

Der Papa hat jetzt den Jüngsten an der Hand, ich halte die Große an der Schulter, die doch auch erst neun Jahre alt ist, und streiche über ihren Rücken.

Beate sitzt mit dem mittleren Kind auf dem Boden am Fußende des Sarges. Es ist nicht komisch. Es ist nicht gruselig. Es ist einfach »nur« traurig. Die Aufbahrungszelle, die mit ihren braunen Fliesen alles andere als schön ist, ist nun warm und voller Liebe.

»Jetzt verstehe ich erst, dass meine Frau wirklich tot ist!«, sagt der Vater und schlägt sich mit der Hand vor die Stirn. »Ich habe mir immer wieder gesagt, sie kann doch nicht tot sein. Ich habe es nicht begriffen! Jetzt weiß ich es.«

»Und deine Kinder wissen es jetzt auch«, sage ich. Beate ergänzt: »Und so gut, dass du sie mitgenommen hast.« Der Vater nickt.

Wir hatten schon darüber geredet und auch jetzt sagen wir: »Man will die Kinder oft nicht mitnehmen, denn dann sind sie erst einmal nicht so traurig, weil man sie ja auch nicht begreifen lässt, was da so Unglaubliches geschehen ist. Sie werden es nach und nach durch die Abwesenheit und Verlassenheitsgefühle begreifen, aber wahrscheinlich nur verzögert reagieren, weil sie sich nicht mit eigenen Augen von der traurigen Wirklichkeit überzeugen konnten. Es nicht durften. Und wie schade, wenn Kinder ihre Mama nicht mehr sehen dürfen, nur weil sie tot ist. Wie traurig, wenn tote Mamas keinen Abschied, keine Tränen oder lautes Weinen bekommen. Sie haben es doch verdient!«

Solche Dinge sagen wir uns dort gegenseitig, ja, auch der Vater spricht jetzt so, weil er es ebenso fühlt.

Beate und ich haben beide unabgesprochen Dinge mitgebracht, die wichtig sein können, um schwere Situationen wie diese zu überstehen: Mineralwasser und Schokokekse, Apfelschorle und Weingummis mit Himbeergeschmack.
Und dann picknicken wir auf der alten Kirchenbank vor der Aufbahrungszelle in der Leichenhalle, und ab und zu geht eine oder einer die Mama besuchen.
Mit ein bisschen Weinen oder Schweigen. Mit Streicheln und unter die Decke gucken.

»Das hätten wir auch gebraucht«, sagen viele Menschen, denen man einen begleiteten Abschied nicht ermöglicht hat oder die die Trauerreaktion vor Ort fürchteten. Viele Erwachsene sind selbst in Not. Dann kann es gut sein, wenn auch sie »eine Hand halten« können. Dafür steht Familientrauerbegleitung: eine Hand zu reichen und Mut zu dem zu machen, was wir alle von Geburt an eigentlich schon können – trauern.

Echt stark

Wir stehen im Abschlusskreis zusammen, nachdem wir in der Trauergruppe Magic-Saatkugeln gema(ts)cht haben.
»Was habt ihr in der Minitrauergruppe eigentlich alles schon gelernt?«, frage ich die fünf- bis achtjährigen Kinder, und meine Kollegin Beate ergänzt: »Wenn jetzt hier Leute vorbeikommen, die Trauerarbeit gar nicht kennen und euch fragen, warum ihr denn noch immer hierher kommt, obwohl eure Mamas oder Papas doch schon ganz viele Wochen lang tot sind, was antwortet ihr?«
Die Kinder überlegen und die achtjährige Marie sagt: »Ich kann jetzt anderen in der Schule erzählen, dass meine Mama tot ist.«
Renée erzählt, dass sie andere trösten kann.
Und dann meint Moritz, einer der Gruppenleiter, dass er sich sogar traut, auch mal zu weinen, was er als kleiner Junge, als seine Mama starb, nicht so gut konnte.
Ich wende mich zu Aaron, der fünfeinhalb Jahre alt ist und mir ab und zu erklärt, dass er nicht weint, »weil er schon groß ist«. Ich sage: »Weißt du, Aaron, richtig starke Männer, die trauen sich sogar zu weinen. Manche, die das noch nicht können oder wollen, sind noch etwas schwach. Lustig und traurig sein, dass können wirklich nur die Starken.«
Und Aaron hört sich das an, verschränkt die Hände hinter dem Rücken und sagt: »Ich bin auch stark. Ich habe schon zehn Kilo gehoben.« Nickt stolz dazu. O. k., das kann man so stehen lassen, weil es auch stimmt. Und für alles Weitere vertraue ich auf viele männliche Vorbilder – Typen wie Moritz zum Beispiel.

Im Vertrauen

»Weißt du«, sagt die sechsjährige Lara, »dass meine Mama aus dem Fenster gesprungen ist, das sage ich keinem Kind in meiner Klasse. Das verstehen die nicht so. Und deshalb will ich denen das nicht sagen. Das sage ich nur dem Nero und der Leni aus der Kindertrauergruppe hier. Der habe ich das ins Ohr geflüstert, und die hat das auch verstanden. Sonst sage ich nix dazu.«

Wie gut, dass es Nero, den Trauerbegleitungshund, die siebenjährige Leni, deren Mama auch an einer Krankheit starb, und die Kindertrauergruppe gibt, damit Lara immer wieder jemanden findet, der und dem sie etwas ins Ohr flüstern kann.

Grabbeigabe

Ich war mit der 20-jährigen Clara unterwegs zu einer Buchlesung. Wir nutzten die Fahrt für ein Gespräch, weil gerade kein anderer Termin mehr frei war. (Wisst ihr eigentlich, wie wertvoll solche Autofahrten sind, wenn man nebeneinander sitzt und miteinander redet?)
Clara erzählt von Isabell, ihrer verstorbenen großen Schwester, die im Rollstuhl saß. Ohne Rollstuhl voranzukommen, das war für sie nicht möglich. Und dann saß die Familie nach Isabells Tod in ihrer großen Trauer zusammen, und alle diskutierten darüber, ob der Rollstuhl mit ins Grab müsse.
»Er muss!« »Quatsch, muss er nicht!« »Darf man das denn?« »Mir doch egal!« »Braucht man im Himmel eigentlich einen Rollstuhl?« »Nein!« »Und wenn doch?« »Nein, im Himmel wird Isabell laufen können.« »Aber sicher ist sicher!« »So ein Quatsch!« »Ja, aber …«
Und der Bestatter musste warten, bis sich alle einig waren.

Clara, danke für diese Rollstuhlgeschichte, die mich erheitert und gleichzeitig nachdenklich berührt hat. »Ich war immer stolz auf meine Schwester. Ich war die Einzige in meiner Klasse, die eine Schwester mit einer Behinderung und einem Rollstuhl hatte.
Das fand ich cool und meine Schwester sowieso«, hast du gesagt. Der Satz ist mir für immer im Gedächtnis geblieben. Was hattet ihr doch für ein Glück miteinander. Ihr vier seid sicher ganz gute, liebevolle und auch etwas verrückte Wegbegleiter:innen füreinander, im Himmel und auf Erden.

Kleine Steine, große Wirkung

Die Mama wird sterben, und das Kindergartenmädchen Marie, der Grundschuljunge Eric und Lara, die jugendliche Schwester, sitzen nun mit dem Papa sowie Olaf, meinem Trauerbegleiterkollegen, und mir am Küchentisch.

Wir haben ein Puzzle für die Große, ein Glitzerbastelset für Marie und ein Flugzeug zum Zusammenbauen für Eric dabei. Die Geschenke stammen aus den Weihnachtspaketen, die uns Mitarbeitende eines Seniorenheims für einige unserer Familien vorbeigebracht haben.

Wir wissen, dass Eric sich verdammt schwer tut, über die entstandene Not durch Mamas Krankheit und das anstehende Sterben zu sprechen. Verständlicherweise. Allerdings tut es ihm und seinem sozialen Umfeld nicht gut, dass er die Ängste runterschluckt. So etwas funktioniert nicht ohne Weiteres, schafft oft unangenehme Reaktionen. Wir hatten aber auch gehört, dass Eric ein leidenschaftlicher Legobaumeister ist, und wir hoffen darauf, dass er sich während des Bauens auf Gespräche einlässt.

Und auch der Papa ist in Not: Er versorgt die Kinder, besucht die Frau, kocht … und schluckt seine Tränen runter. Das hat er so gelernt, ganz früh, als sein Vater starb und er doch auch noch ein Jugendlicher war. Lara, die ältere Tochter, packt im Haushalt mit an und spielt mit den jüngeren Geschwistern.

Der Vater und die große Tochter haben viele Fragen und Sorgen. Und auch da, wo sie sich bewusst mit dem anstehenden Sterben beschäftigen, ist es doch so unwirklich. Olaf erklärt Eric, dass er in den nächsten Tagen mit ihm zusammen das Flugzeug Stück für Stück zusammenbaut und dass sie sich dann »von Mann zu Mann« über all das, was wegen Mamas Krankheit grade los ist, unterhalten können. Eric ist einverstanden – das ist in der Trauerarbeit die halbe Miete.

Und so bekommen alle nach und nach ein passendes Angebot, und als wir spät am Abend nach Hause fahren, ist Olaf und mir wieder so bewusst, wie wertvoll die kleinen Glitzer- und Legosteine sind, die letztendlich Großes bewirken können.

Großes Kompliment

»Helene, du tust meiner Traurigkeit so gut!«, sagte der neunjährige Luca zu seiner Familientrauerbegleiterin Helene.
Ist das nicht eines der größten Komplimente?

Eine Herzgeschichte

Lolas Papa starb vor zwei Jahren an Krebs. Lola ist zwölf Jahre alt und ein Mädchen, das nach außen taff wirkt und auf die Frage »Hey, wie ist's?« immer höflich antwortet: »Danke, mir geht es gut. Und wie geht es dir?« Es hat ein dreiviertel Jahr gebraucht, bis sie halb freiwillig, halb von der Mama liebevoll gedrängt, zur Trauerbegleitung kam. Nach dem ersten Besuch kam sie gerne wieder.

Lola kann sich wunderbar ausdrücken und, wenn sie »warm« geworden ist, so gut erzählen. Aber es ist ihr wichtig, die Kontrolle zu behalten, möglichst nicht vor anderen zu weinen.

So geht es vielen Kindern und Jugendlichen: Sie glauben, dass sie verachtet werden, wenn sie ihre Traurigkeit zu erkennen geben. Sie glauben, damit Schwäche zu zeigen. Und schwach sein, wer will das schon? Gefühle zeigen und dazu stehen, das ist etwas, was man bei LAVIA lernt. Weil es in echt »stark« ist.

Nun ist auch Lolas Mama erkrankt, die Chancen auf eine Heilung stehen gut – aber dennoch löst es Ängste aus. Und weil das alles während der Corona-Pandemie passiert, darf Lola seit einiger Zeit nicht mehr bei der Mama im Haushalt leben, weil diese durch die Therapie immungeschwächt ist.

Und jetzt, wo Lola bei ihrer Oma wohnt, die schon fast 80 Jahre alt ist, geht es ihr einerseits gut, weil sie die Oma so sehr mag. Und es geht ihr gleichzeitig schlecht, weil sie die Mama, die wegen Bestrahlungen und Chemo im Krankenhaus liegt, nicht besuchen darf.

»Aber einmal, da haben wir uns noch gedrückt. Wir haben einen Mundschutz aufgesetzt und die Ärmel vom Pulli so über die Hände gezogen und uns dann in den Arm genommen. Ganz feste. Nur zwei Mal. Aber das ganz ganz ganz feste«, sagt Lola, als wir auf der Terrasse hinter dem LAVIAhaus sitzen.

Und ich spüre, dass sie die Umarmung jetzt noch spürt.

Jetzt kann man fragen: Was muss sich Mechthild mit einem Kind in der Corona-Zeit persönlich treffen? Geht das nicht auch per Telefon oder Videochat?
Nein, das geht nicht so gut. Das geht nicht bei Kindern und Jugendlichen, die am Telefon nett und verbindlich ausweichende Antworten geben, weil sie sich – ähnlich wie eine Plexiglasscheibe einen kaum sichtbaren Kontaktschutz aufbaut – am Telefon »perfekt« distanzieren können. Aus Sorge vor der Angst. Und weil Lola die Angst und Sorge unterdrückt, steht sie unter Druck.
»Bitte, sprich mit ihr«, schreibt die Mama mir aus dem Krankenhaus. »Ich weiß, du kannst an sie rankommen.«

Und dann sitzen wir da auf unserer Terrasse, zwischen uns ein Tisch und zwei Meter Abstand. Entfernt im nahen Gespräch. Wir sprechen über die Trauer wegen Papas Tod, die etwas in den Hintergrund getreten ist, weil die Krankheit von Mama gerade in den Vordergrund kommt. Über Ängste, die da sind und dann schnell wieder unterdrückt werden. Wir reden davon, dass Lola die Oma nicht mit Sorgen belasten möchte und jedem sagt: »Ich komme damit schon irgendwie selbst klar.« Mit zwölf Jahren …
»Warte, ich hole mal was«, sage ich zu Lola und bringe aus der Küche des LAVIAhauses eine Herzflasche, die bis oben hin mit blauem Wasser gefüllt ist. »Schau«, sage ich. »Stell dir vor, dieses Herz ist dein Herz, gefüllt mit Traurigkeit, Angst und Sorge. Randvoll. Wenn du da nix rauslässt, bitte, sag mir mal, wo soll denn da noch Mut reinpassen? Oder Hoffnung?«
»Oder Spaß?«, ergänzt Lola und antwortet gleich hinterher: »Ja, da passt ja gar nichts mehr rein.«
»Genau«, sage ich. »Das Dumme ist, dass eines Tages unser Herz mit Kummer randvoll ist, wenn wir uns nicht trauen, ab und zu mal etwas davon rauszulassen. Verstehst du, wie ich das meine?«
»Ja, klar«, bestätigt Lola, »du meinst, dass wir auch immer mal unser Herz ausschütten müssen.«
Sie ist ein kluges Mädchen.

»Ja, genau das ist es. Wir müssen ab und zu, in guten wie in schweren Zeiten, unser Herz ausschütten, damit es wieder luftiger werden kann. Damit unser Herz uns nicht zu schwer wird. Damit uns das Herz nicht in die Hose rutscht. Wir müssen Platz darin schaffen für ganz viele andere Gefühle, die es auch noch braucht. Und sogar für neue Trauer. Die muss doch auch Raum haben. Wenn wir unser Herz nicht immer mal wieder ausschütten, dann explodiert es eines Tages oder bekommt Risse oder geht innen drin kaputt.«
»Oh, das kenne ich«, sagt Lola und nickt.
»Meinst du, deine Oma schüttet ihr Herz auch ab und zu mal aus?«, frage ich sie. Lola überlegt und zuckt dann mit den Schultern. »Ich weiß es nicht«, sagt sie.
»Frag sie doch mal«, sage ich.
Lola überlegt und ich fahre fort: »Weißt du, Trauer ist ansteckend. So wie Freude, Angst, Wut oder Scham. Und wenn Oma und du euch eure Sorgen zeigt, dann wird das sehr wahrscheinlich ansteckend sein und … anstecken, das will man ja eigentlich nicht – aber es ist tatsächlich gut. Das hat die Natur so eingerichtet, dass unsere angeborenen Gefühle ›ansteckend‹ sind, damit wir mitfühlend werden. Wie blöd, wenn du glücklich wärst und niemand ließe sich von deiner Freude anstecken! Und wie doof, wenn du traurig wärst und niemand wäre mit dir zusammen traurig. Niemand würde deine Traurigkeit verstehen und dir wieder neuen Mut zusprechen.«
»Das wäre aber echt blöd«, sagt Lola.
Und dann kommen wir im Laufe des Gesprächs auf den Gedanken, dass, wenn Lola ihre Oma nicht auf das Herzausschütten und Oma Lola nicht auf die Sorge um Mama anspricht, zwischen den beiden vielleicht so etwas wie eine Plexiglasscheibe wächst – wie die im Supermarkt zwischen Kassierer:innen und Kund:innen. Nur, dass es eben kein Supermarkt, sondern Familie ist.

Lola darf die kleine Herzflasche mitnehmen. »Oh, wie schön ist das«, sagt sie und gießt etwas von der blauen Flüssigkeit aus. Und dann hat sie noch eine Idee und fragt nach Papier, Schere und Stift. Dann sitzt sie da mit mir auf der Terrasse und schneidet und schreibt. Irgendwann erklärt sie: »Ich mache jetzt jeden Abend ein Foto, wo ich mit einem Pfeil, der mit dem passenden Wochentag auf einen Zettel gemalt ist, den aktuellen Wasserstand im Herzen markiere. Dann überlege ich, warum es mir so gut geht, woran das liegt oder warum es mir eher schlecht geht und was ich daran ändern kann.«

»Lola«, sage ich, »was für eine schöne Idee! Weißt du, die Herzflaschen werde ich demnächst gegen eine Spende abgeben oder verkaufen und dann gibt es noch eine Gebrauchsanweisung mit dazu. Deine Idee, die werde ich mit dazu schreiben.«

»Mir kommen so die Ideen, wenn ich mich unterhalte«, sagt Lola und wir verabreden für Ostermontag ein weiteres Treffen. Und ich denke: Wie gut, dass wir uns auch mit Abstand zu Corona-Zeiten in »echt« sehen – die guten Ideen für sie und mich, die wären uns am Telefon nicht unbedingt gekommen. Manchmal braucht es – nicht nur in Notfällen – einfach ein echtes Gegenüber.

Hopp oder topp

Nick ist elf Jahre alt, als ich ihn kennenlerne. Er öffnet uns morgens die Tür zur Wohnung in einem Mietshaus, zweite Etage. Er ist nicht in der Schule, einer Förderschule, weil man ihn wegen Vandalismus vom Unterricht suspendiert hat. Der Lehrer hat gesagt, er sei ausgerastet, einfach so, ohne Grund, und habe die Möbel im Klassenzimmer kurz und klein geschlagen. Er selbst sagt, der Lehrer sei ihm gegenüber schon wieder ungerecht gewesen und dann sei er eben sauer geworden.

Ute, die Sozialarbeiterin vom Jugendamt, und ich stellen uns an der Tür vor und fragen ihn, ob er uns reinlasse. Höflich zeigt er uns den Weg zum Wohnzimmer. Über der Couchgarnitur liegen schützende Decken. Wir setzen uns hin. Die Dreier- und Zweiercouch bilden mit dem Sessel ein Dreieck. Der Elfjährige bietet uns aufmerksam etwas zu trinken an.

Ich sage: »Weißt du, Nick, eigentlich sollen die Eltern ihren Kindern erzählen, dass etwas Trauriges geschehen ist. Aber Mama und Papa sind ja getrennt und deine Mama ist krank und kann deshalb nicht hier sein. Heute Morgen ist dein Papa zur Arbeit gegangen und da gestorben. Er hatte einen Herzinfarkt. Darum sind wir hier.«

Nick nickt. »Ah, so«, sagt er. Ganz höflich. Und dann bedankt er sich für diese Information.

Wir sehen ihm an, dass er hört, was geschehen ist, es aber noch nicht begreift. Man müsste ihn jetzt in den Arm nehmen, denke ich – und höre später, dass die Sozialarbeiterin das gleiche gedacht hat. Wir tun es aber nicht, weil er den Wunsch nach einer Umarmung nicht signalisiert und wir in unserem Mitgefühl nicht übergriffig sein dürfen. Denn es ist unser Gefühl, und das dürfen wir nicht auf ihn übertragen. Wir können nicht einfach einen elfjährigen Jungen umarmen. Es ist nicht leicht – aber wir bleiben sitzen. Wir sind ja dennoch bei ihm.

Die Sozialarbeiterin erklärt Nick, dass er in eine Bereitschaftswohngruppe ziehen wird, weil er nicht allein zu Hause bleiben könne. Er nickt.

Das kennt er schon. Von klein auf. Seine Mutter war früher schon krank und konnte nicht für ihn sorgen, die Eltern lebten im Stress miteinander, das Jugendamt war immer mal wieder involviert. Er lebte mal im Heim, mal zu Hause, dann in einer Wohngruppe, wieder zu Hause und so weiter. Einmal hat es ihm in einem Heim im Sauerland besonders gut gefallen. Da durfte er aber auch nicht bleiben und musste zurück nach Hause zur kranken Mutter. Nun lebt er seit einem Jahr bei seinem Vater, wo es ihm gut geht.

»Nick«, sage ich, »Wenn du gleich mit Frau Hansen in die Wohngruppe fährst, kannst du schon mal ein paar Sachen einpacken, die du gerne jetzt schon mitnehmen willst. Alles andere kannst du später holen.« Er nickt, steht auf, geht zum Fernseher und nimmt ein gewebtes Deckchen runter. Es ist eins dieser Deckchen, die jedes zweite Kind mit Wollresten auf so einem Holzwebrahmen in der Kita oder Grundschule gemacht hat.

»Das Deckchen hier«, fragt er, »kann ich das mitnehmen?« »Klar«, sagen wir. »Warum ist dir das wichtig?«

»Ich habe es Papa mal zum Vatertag geschenkt, und es gefiel ihm gut, hat er gesagt. Und deshalb liegt es immer noch auf dem Fernseher.«

Mich berührt, dass der Kerl, der erst elf Jahre alt ist, aber aussieht wie 13, so ein Webdeckchen, das er dem Papa geschenkt hat und das in Liebe angenommen wurde, als erste Sache mitnehmen möchte.

Dann geht Nick ins Kinderzimmer an den Kleiderschrank, zieht eine Schublade auf und holt eine Pfadfinderkluft raus, die ihm viel zu klein ist. »Die muss auch mit«, sagt er. »Im Sauerland, da durfte ich zu den Pfadfindern gehen.« Dann stopft er die Kluft in seinen roten Kinderrucksack. Ich muss schlucken. Seit meinem achten Lebensjahr bin ich selbst Pfadfinderin. Ich ahne, welche Erinnerungen mit dem Pfadfinderhemd verbunden sind. Dass noch der Lagerfeuergeruch drinsteckt, obwohl es gewaschen ist.

Das Jugendamt seiner Stadt genehmigt Trauerbegleitung für Nick. Olaf, Förderschullehrer und Familientrauerbegleiter, und Manuela,

Familiensystemikerin und Trauerbegleiterin, treffen sich einmal im Monat mit ihm. Er mag diese Unterstützung, er unterhält sich gerne in den Einzeltreffen, und er geht dabei gerne spazieren. Wahrgenommen zu werden ist etwas Wertvolles.

Inzwischen ist Nick 14, und er besucht noch immer unsere Jugendtrauergruppe. Bei einem der Treffen geht es um Erinnerungen. Alle Jungs und Mädchen erzählen fröhlich, nachdenklich und interessiert, nur Nick ist still. Moritz, der die Gruppe leitet, entdeckt Tränen in Nicks Augen. Und er spürt, dass etwas nicht in Ordnung ist. Deshalb sagt er zu Nick: »Hey, Nick, kannst du mir mal eben helfen, die Kiste hier in den Musikraum zu bringen?« Im anderen Raum, als die beiden allein sind, fragt er ihn, was los sei. Nick fängt sofort an zu weinen: »Ach, mein Leben ist einfach Mist! Ich habe keine guten Erinnerungen. Nur an das Kinderheim im Sauerland, aber da musste ich ja wieder weg. Mein Leben ist einfach scheiße, und es geht mir schlecht, und ich habe doofe Gedanken, und ich ritze mich manchmal … und ich habe das noch nie einem gesagt.« Moritz holte mich dazu und dann sitzen wir zusammen im Musikzimmer. »Nick«, sage ich, »es ist gut, dass du uns davon erzählst. Und ja, dein Leben war wirklich oft einfach sch***.« (Wenn ich etwas anderes sagen würde, würde ich lügen. Und ich würde bei dem Jungen auch noch Wahrnehmungsstörungen herbeirufen. Er ahnt und fühlt ja zu Recht, dass sein Leben im Vergleich mit anderen ungut ist.)

Und dann reden wir darüber, dass er vielleicht in seinem Pech auch Glück hat, weil Ute, die Sozialarbeiterin vom Jugendamt, ihn sieht und mag. Sie hat mit dafür gesorgt, dass er Trauerbegleitung bekommen kann. Und er hat Glück, dass Moritz mit ihm spricht und Manuela und Olaf da sind, die mit ihm etwas unternehmen, reden und klären.
»Wir schauen, was wir tun können. Du musst jetzt erst mal eine Weile durchhalten. Und wenn du glaubst, das dein Leben weiterhin so unfair bleibt: Nein, das muss nicht so sein.«

»Weißt du, Nick«, sage ich. »Dir ist nix in den Schoß gefallen. Und deshalb wird dein Leben vermutlich ›hopp oder topp‹ sein. Wenn du dein Leben später vergeigst, dann werden die Leute sagen: ›Klar, bei der Geschichte, kein Wunder!‹ Aber es gibt auch die Möglichkeit, und daran glaube ich bei dir, dass du weiterhin ein toller Kerl sein wirst, nur noch größer und noch stärker. Und manche Leute werden sich fragen: ›Wie konnte er so cool werden, bei seiner Geschichte?‹ Und wir werden dann sagen: ›Na, *wegen* seiner Geschichte!‹ Weil du dich durchkämpfen musstest, weil du weißt, warum du weitermachen musst, und auch, weil du ein so netter Kerl bist und Leute an deiner Seite hast, die dich mögen und schätzen und denen du nicht egal bist!«

Und Nick guckt uns an und sagt dann: »Es tut so gut, dass ich das jetzt endlich mal gesagt habe. Das war schon schwer, aber jetzt geht es mir besser.«

Und wie bei allen Kindern und Jugendlichen halten wir auch bei Nick unser Versprechen, solange an seiner Seite zu bleiben, wie er es sich wünscht.

»*Ich* bin doch nicht gestorben!«

Sie ist 74 Jahre alt. Vor einem Jahr starb ihr Mann ganz überraschend, jetzt – fast ein Jahr später – die Tochter.
»Kann man dies überleben?«, fragt sie mich.
Und: »Trauere ich jetzt doppelt oder größer?«

Ich arrangiere ein Treffen mit einer weiteren Frau, die gerade Rentnerin wurde und deren Mann und Sohn ebenfalls vor kurzem und kurz hintereinander verstarben. Die beiden Frauen tauschen sich aus, einige Impulse von mir reichen, dass sie ins Gespräch kommen. Sie erkennen sich in vielen Erfahrungen der jeweils anderen wieder. »Als mein Mann starb, da erkundigten sich Freunde noch nach mir, wie es mir geht. Und jetzt, nach dem Tod meiner Tochter, da ruft mich niemand an, da fragt keiner nach. Meine Güte! *Ich* bin doch nicht gestorben!«
Die andere Frau nickt. Auch sie hat es so erlebt, selbst auf der Arbeit sprach sie kaum jemand darauf an, obwohl sie tagtäglich mit den Kolleginnen zusammen war.
Viele haben Angst, etwas Falsches zu sagen, und ahnen nicht, dass nichts zu sagen meist noch viel falscher sein kann.
Einen Menschen durch den Tod zu verlieren, ist traurig.
Soziale Kontakte zu verlieren, weil sich Freund:innen und Bekannte in der Trauerzeit verunsichert zurückziehen, ist traurig und verletzend.

Nein, es ist kein Einzelfall. Und es wäre zu überlegen, ob man in der Tageszeitung nicht einmal eine Lebend-Anzeige unter die Todesanzeigen mischen sollte. Zum Beispiel so: »Guten Tag: Mein Mann ist gestorben, und da ich noch lebe, würde ich mich nun, nach einer längeren einsamen Zeit, über einen Besuch freuen. Der Kaffee ist schon gekocht.«

Mutige Grüße

Ida und ihr Papa Ralf erhalten ganz viel Beileidspost, nachdem ihre Mutter und Frau gestorben ist, Tag für Tag. Die neue Postbotin in der Wohnsiedlung bemerkt das natürlich, und auch sie möchte der jungen Familie ihr Mitgefühl ausdrücken. Und so liegt eines Tages ein Postbenachrichtigungszettel im Briefkasten:

»Sehr geehrter Herr Siegel! Ich möchte auf diesem Wege mein Beileid aussprechen. Es ist nie wirklich leicht, einen geliebten Menschen gehen zu lassen, aber in unseren Herzen und Erinnerungen werden diese geliebten Menschen immer weiterleben und uns weiter begleiten.

Ich wünsche Ihnen und Ihrer kleinen Tochter trotzdem frohe Weihnachten.

In stiller Anteilnahme, Ihre Postbotin«

»Was sage ich nur? Ist ›Herzliches Beileid‹ nicht eine komische Floskel?«, fragen sich viele Menschen verunsichert, wenn sie trauernden Menschen begegnen. Diese Frage stellt sich die junge Postbotin nicht. Sie handelt und schreibt aus ihrem Herzen heraus, und weder Ralf noch Ida empfinden ihre Beileidsgrüße als floskelhaft. Sie sind herzlich. Empathisch.

Diese Geste hätte als »Geschichte« hier gereicht. Aber ein Jahr später bekommt nun Ida von der Postbotin einen Brief:

»Liebe kleine Frau Siegel, ich wünsche euch auch in diesem Jahr frohe Weihnachten und einen schönen neuen Start in das neue Jahr! Liebe Grüße, eure Postbotin Jessica«

Ich wünsche uns allen den Mut der Postbotin, um das, was gesagt werden muss, zu sagen. Und es nicht sein zu lassen, weil vielleicht die korrekte oder passende Karte fehlt. Nehmt notfalls den Einkaufsbon, den Parkschein oder den Paketzettel – Papiere, die einem grade in die Finger kommen. Seid mutig und herzlich.

Trostsalbe

Mein Handy leuchtet auf, eine Nachricht von Marc. Sein Bruder ist schwer erkrankt, und es geht ihm sehr schlecht. Die Familie ist in großer Sorge. Marc ist selbst verwitwet. Er und sein Sohn, der noch den Kindergarten besucht, nutzen seit dem Tod der Frau und Mutter die Kinder- und Elterngruppen von LAVIA. Und nun fragt Marc, ob er mit den beiden Töchtern seines Bruders vorbeikommen könne – um seine Schwägerin zu entlasten und weil er sich ja schon bei uns auskennt.

Und dann sitzen wir alle am Küchentisch, der LAVIA-Gefühlsstein geht durch alle Hände, er wird gedreht, und es wird benannt, mit welchem Gefühl alle da sitzen.

Lara, die 14-Jährige, wählt die bunten Punkte: »Ich weiß nicht, was mich erwartet, aber ich bin froh, dass wir hier sind. Wie es *mir* geht, das weiß ich nicht. Irgendwie geht es allen drumherum schlecht, und ich weiß nicht, wie ich ihnen allen helfen kann. Ich kann mir ja selbst grad schon gar nicht helfen.«

Die fünfjährige Hilda schiebt den Stein zum Onkel weiter und zeigt dabei auf die Sonne. Sagen möchte sie nichts. Das ist o. k., auch das ist ja mitmachen, und es ist schön, dass sie überhaupt dabei sein darf. Zu oft werden jüngere Kinder von traurigen Dingen ferngehalten.

Und dann rühren wir, während wir miteinander reden, Trostsalben an. Lara tropft Angelikawurzel-Öl in eine neutrale Salbe hinein. Nervenberuhigend, angstlösend und stärkend soll die Wirkung sein. Hilda entscheidet sich für das Orange- und Vanille-Öl. Marc wählt auch ein Öl aus, und so sitzen wir alle rührend am Tisch, und das Gespräch fällt allen leichter, weil das Rühren und Riechen tatsächlich eine Hilfe dabei ist.

»Ich bin wie ein Roboter: Ich funktioniere, organisiere und beneide grade jede und jeden, der weinen kann«, sagt Lara.

Ich zeige auf die orangefarbene Fläche im LAVIA-Trauermodell, die das »Funktionieren« in Trauerzeiten verdeutlicht.

Ja, es kann sein, dass die älteste, schon jugendliche Tochter das Gefühl hat, Verantwortung übernehmen zu müssen, um die Erwachsenen zu schonen. Das ist jedoch so anstrengend, und die Zeit des Bangens und Hoffens ist dazu noch so verrückt, dass da kein Platz für geweinte Tränen ist, die ihr aber die Brust, das Herz und den Hals eng machen.

»Ich möchte Marc als Vorbild haben«, sagt sie, »er ist stark, er weint nicht …« »Oh doch, das tue ich auch«, unterbricht Marc das Mädchen und erzählt von seinen Tränen. Ah ja, sie erinnert sich, sie hat es schon mal gesehen. Und dann reden beide über die Sorge und Traurigkeit, aber auch über die Stärke, die es in ihrer Familie gibt.

Hilda träufelt in der Zwischenzeit noch etwas Zitronenöl in ihre Cremedose und drückt noch mehr Salbe hinein. Es scheint ihr zu gefallen, dass sie sich am Tisch an den duftenden Sachen bedienen kann. Sie hört mit und wird das verstehen, was sie verstehen kann. Lara wendet sich der Schwester zwischendurch immer wieder liebevoll zu. Da unsere Gespräche nicht emotional verstörend sind, genießt es Hilda sichtlich, dass sie dabei ist. Dadurch, dass Kinder nur das betrauern können, was sie verstehen, werden sie automatisch altersentsprechend durch ihre Psyche geschützt.

»Ich mag nicht, wenn jemand weiß, wie ich mich fühle«, sagt Lara, und da ist es wieder so deutlich, wie schwierig Traurigkeit in der Pubertät sein kann: Laras Gefühle schwanken von »Ich beneide alle ums Weinen« bis »Keiner soll meine Gefühle sehen«. Von »Ich übernehme Verantwortung« bis »Ich bin ja selbst auch noch etwas Kind, erst recht das Kind von meinem schwerkranken Papa«.

Jetzt stelle ich noch Glitzer auf den Tisch, und Hilda beginnt, für Mama, die Oma und den Opa weitere Trostsalben herzustellen. Sie zählt alle Personen auf und achtet darauf, dass auch die Farbe des Glitzers zu den Beschenkten passt. Lara rührt die Trostsalbe für den Papa an.

Nein, ihm die Salbe selbst auftragen, das geht bei dieser ansteckenden Krankheit nicht. Aber sie wird die Dose dem Pflegepersonal weitergeben mit der Bitte, Papa einzucremen.

Während wir reden und überlegen, was bei Sorgen, Einschlafproblemen, Traurigkeit mit und ohne Tränen helfen kann, rühren die Mädchen ganz viel Liebe in die Trostsalbe für den Papa ein. Beide sind davon überzeugt, dass das geht. Mit einem Goldstift schreibt Lara »P« auf den Deckel und zeichnet ein Herz dazu.

Bevor die drei nach Hause gehen, wählt Lara auf dem LAVIA-Gefühlsstein wieder die bunten Punkte: »Es sind jetzt mehr hellere Punkte als vorher dabei«, sagt sie. »Es hat gutgetan, hier zu sein und ein paar Tipps zu bekommen.«

Hilda wählt den Smiley und Marc das Herz.

Auch ich wähle das Herz, weil mich das Miteinander und die Stärke der Familie in ihrer Trauer berührt haben.

Ein Gruß auf das Grab

Es klingelt. Vor der Tür steht ein älterer Mann. Er schnappt nach Luft und fragt schwer atmend: »Können Sie mir sagen, ob ich mit meinem Auto auf den Südfriedhof fahren kann?«

»Nein, ich glaube, das ist nicht möglich«, antworte ich und biete ihm erst einmal einen Platz an. »Ach«, sagt er und schweigt. Schaut auf den Boden. »Kann man denn keine Ausnahme machen? Bis zum Grab meiner Frau zu Fuß zu gehen, das schaffe ich gar nicht.«

»Ich kann das nicht bestimmen, aber ich könnte mich am Montag bei der zuständigen Stelle erkundigen«, sage ich. »Ja, das wäre schön, aber am Montag kann ich nicht kommen, da muss ich ins Krankenhaus, weil man mir das Wasser aus der Lunge rausholt. Oder es zumindest versucht.«

Er setzt sich auf den Schreibtischsessel, den ich ihm anbiete. »Wissen Sie, es ging mir jetzt so lange schlecht, so lange konnte ich meine Frau nicht mehr besuchen, ich habe irgendwie ein richtig schlechtes Gewissen. Verstehen Sie, was ich meine?«

Ich nicke. Ja, ich weiß. Er muss zwar kein schlechtes Gewissen haben, weil er nichts für diese schwierige Situation kann, aber es fühlt sich dennoch »falsch« für ihn an.

»Wo liegt ihre Frau?«, frage ich, und er nennt mir die Nummer des Grabfeldes.

»Ich habe eine Idee«, sage ich und gehe in den Nebenraum, um eine Grabkerze und bunte Eddingstifte zu holen. Beides lege ich auf den Schreibtisch und erkläre, dass er, wenn er mag, auf die Grabkerze oder in den goldenen Deckel hinein eine Nachricht, einen Gruß an seine Frau schreiben könne. »Falls Sie das jetzt nicht zu komisch finden«, ergänze ich. »Ich kann dann heute oder morgen das Grab Ihrer Frau besuchen und dort in Ihrem Namen die Kerze hinstellen und anzünden.«

»Komisch? Nein! Das ist eine schöne Idee«, sagt er und nimmt die Kerze in die Hand. Er setzt sie noch mal ab und fragt: »Meinen Sie das wirklich ernst?« Ich nicke. Und er lächelt und dann überlegt und überlegt und überlegt er …

»Was soll ich denn drauf schreiben?«
»Einen Gruß? Ihren Namen? Eine Rose malen oder was Sie Ihrer Frau schenken oder sagen möchten?«, antworte ich. »Ach so«, sagt er und dann malt er. Ein Herz und den Anfangsbuchstaben seines Namens. Dann gibt er mir die Kerze und sagt: »Das ist wirklich nett von Ihnen. Was bekommen Sie von mir?«
»Nichts«, sage ich. »Das passt schon so.«
»Ja, aber«, sagt er, »so eine Kerze kostet doch was.« Und ich antworte, dass es deshalb o. k. ist, weil ich daran glaube, dass alles, was wir tun oder nicht tun, irgendwann eine Wirkung haben wird. Es hat nichts mit Berechnung zu tun, aber mit Hoffnung.
Denn ich hoffe ja irgendwie auch, dass es eines Tages einen Menschen geben wird, der für mich auf das Grab meines Mannes oder für meinen Mann auf mein Grab eine Kerze stellt oder eine Blume hinlegt, wenn es uns aus irgendeinem Grund einmal nicht mehr möglich ist, es selbst zu tun.

Spenden sind unbezahlbar

»Und wann gehe ich mit Mama wieder nach Hause?«, fragt Jan. Die Mutter des Neunjährigen hatte einen Herzinfarkt. Im Krankenhaus fällt sie nach einem weiteren Herzinfarkt ins Koma und liegt von da an auf der Intensivstation. Jan kommt in eine Wohngruppe, sein 21-jähriger Bruder wohnt in einer eigenen kleinen Wohnung. Wegen Corona kann Jan seine Mama nicht besuchen. Die Wohngruppe ruft mich Anfang März an. Der große Bruder war zu Besuch und hat dem Betreuerteam erzählt, dass die Mutter vermutlich nicht mehr gesund werden wird.

Wenige Tage später sitzen wir im Wohnzimmer der Wohngruppe: der Bezugsbetreuer, Jan und ich. Davor stand die Frage im Raum, wer Jan sagt, dass die Mama nicht mehr gesund wird. »Wenn man Kinder fragt, wer ihnen eine traurige Nachricht mitteilen soll, sagen sie: Mama oder Papa. Papa existiert nicht und Mama liegt im Krankenhaus. Dann bist du jetzt da an dieser Stelle«, sage ich zu Adam, dem Erzieher.

»Mama ist ganz feste krank«, sagt Adam einige Minuten später zu Jan. Es fällt ihm nicht leicht, aber es ist ja auch schwer. Beide sitzen nebeneinander auf der grauen Couch. Jan und Adam.

»Die Ärzte sagen, dass keine Medizin auf der ganzen Welt deine Mama wieder gesund machen kann. Aber sie geben ihr eine gute Medizin, damit sie keine Schmerzen und keine Angst hat.« Jan nickt. »Und wann gehe ich mit Mama wieder nach Hause?«, fragt er dann und schaut den Erzieher und dann mich an.

Er ist neun Jahre alt. Er hat die Mama seit acht Wochen nicht mehr gesehen – er hat keine Vorstellung davon, wie schlecht es um sie steht. »Weißt du was, Jan?«, frage ich. »Ich frage im Krankenhaus nach, ob wir die Mama einmal besuchen dürfen.«

Er nickt. »Ja«, sagt er. Und zum Betreuer gewandt: »Darf ich jetzt mit Paul Tischtennis spielen gehen?« Und das tut er dann auch, und wir sprechen mit dem Team anschließend darüber, dass ein Besuch bei der Mama gut sein wird, um eine Ahnung davon zu bekommen, wie es ihr geht. Dass es ihr nicht gut geht. Dass sie nicht wegen

Bauchschmerzen oder Kopfschmerzen im Krankenhaus ist, sondern dass sie fester krank ist. Das ist Jan nicht bewusst, das merkt man grade.

Doch dann stirbt die Mama, bevor Jan sie im Krankenhaus besuchen kann.
Zwei Tage nach ihrem Tod sitzen wir im Büro: der Bruder, der Bezugserzieher, eine Erzieherin und ich. »Sagt ihr Jan, dass die Mama tot ist?«, fragt uns der Bruder.
»Wenn man Kinder fragt, wer ihnen eine traurige Nachricht mitteilen soll, sagen sie: Mama oder Papa. Papa existiert nicht und Mama ist tot. Dann bist du jetzt an dieser Stelle«, sage ich zum ihm. Einen ähnlichen Satz habe ich eine Woche zuvor noch zu Adam gesagt.
Jans Bruder nickt. »Ich weiß nicht, ob ich es kann«, sagt er. »Wir sind ja da«, antworte ich.
Dann sitzen wir im Wohnzimmer, Jan kommt rein. Er trägt gelbe Shorts, ein T-Shirt in Regenbogenfarben und grauschwarze Sportschuhe. Bis grade hat er im Garten mit anderen Kindern gespielt. Jan freut sich, den Bruder zu sehen. Dann guckt er irritiert, er spürt die Traurigkeit. Der Erzieher sagt: »Jan, setzt du dich zwischen uns?« Der Neunjährige nickt, setzt sich zwischen Bruder und Erzieher. Der Bruder will reden … aber es kommt kein Wort aus ihm heraus. Er weint lautlos, Jan schaut ihn an. Und ich sage: »Weißt du, dein Bruder wollte dir etwas von der Mama erzählen, weil es ihr gar nicht mehr gut ging, weil sie nicht mehr gesund wurde und …«
» … und weil sie jetzt gestorben ist«, sagt der 21-Jährige.
Der »große« Bruder, der drei Jahre jünger ist als unser jüngster Sohn. Ist er »groß« oder »klein«?
Die Brüder weinen, lehnen aneinander, der Große küsst den Kleinen auf die Wange. Taschentücher werden gebraucht.
Der große Bruder hat die tote Mama am Freitagabend im Krankenhaus gesehen. Sie sah gut aus, »wie Mama eben so aussieht«, sagt er zu Jan. Der schaut den großen Bruder an und nickt. Ich glaube, er hat ein Bild vor Augen. »Möchtest du Mama auch sehen?«, frage ich.

Jan nickt, auch noch, als ich ihm noch einmal sage, dass Mama jetzt tot ist.

Ich rufe den Bestatter an. Er sagt: »Die Mutter ist schon im Krematorium. Das geht jetzt nicht … weil …« Er zögert.

»Ja«, sage ich, »ich weiß, es wird vermutlich eine Sozialamtsbestattung.«

»Ja«, meint er, »und dann geht es nicht mit einer Aufbahrung.«

»Aber ich werde es bezahlen«, insistiere ich. Denn ich weiß, dass es für Jan gut sein kann, die Mama noch einmal zu sehen, ja auch tot zu sehen, um zu begreifen, dass sie nicht mehr lebt. Dass sie ihn nicht mehr abholen kann.

»Ich werde es bezahlen, wir arbeiten spendenfinanziert«, sage ich zum Bestatter.

»Ach so«, sagt er, und: »Aber das kostet schon was. Wir müssen mit zwei Mann zum Krematorium fahren, die Frau anziehen, weil, sie wird dort noch vom Amtsarzt untersucht, da muss sie ja nackt sein. Dann müssen wir sie anziehen, sie braucht dann auch eine schönere Decke, nicht die einfache, die wir jetzt dahaben. Und dann müssen wir wieder zurückfahren, die beiden Fahrten werden auch berechnet.«

»Ja, ich weiß«, sage ich. »Wir bezahlen das schon über die LAVIA gGmbH.«

Ich erzähle anschließend den anderen vom Telefonat, nix von der nackten Untersuchung, aber vom Anziehen. »Ja«, sagt der große Bruder, »Wir haben ihm für die Mama ja auch Anziehsachen vorbeigebracht.« Er dreht sich zu Jan um: »Weißt du, die Sachen, die Mama immer anhatte. Eben Mama …« Jan lächelt. Er hat wohl ein Bild vor Augen.

Ich stutze. Wenn der Sohn dem Bestatter doch Anziehsachen für die Mutter vorbeigebracht hat, warum bekommt die Mutter sie nun nur deshalb angezogen, weil wir sie, für den Bestatter überraschend, nach der Untersuchung durch den Amtsarzt noch einmal besuchen werden? Wie, bitte, läge sie denn da, wäre sie unbesucht verbrannt worden? Ohne Anziehsachen, oder? Ich werde nachfragen – obwohl ich die Antwort in Wirklichkeit weiß. Aber fragen schadet nicht.

»Wenn Sie jetzt zu uns kommen, kostet das eigentlich was?«, fragt mich der Erzieher einige Zeit später. Ich weiß, dass es keine Gelder von der Stadt gibt und dass Verhandlungen mit dem Heimträger erfolgreich sein können, aber dauern werden. Dauern in einer Zeit, in der manches schnell gehen muss.

»Wir arbeiten spendenbasiert«, sage ich.

»Ein Glück«, sagt er.

Unterstützen oder abnehmen?

Am frühen Morgen kam der Anruf: Eine junge Frau und Mutter eines Mädchens ist gestorben. Ob ich vorbeikommen könne? Ich verschiebe einen Termin, schaue noch nach meiner alten Mutter und fahre dann zum Haus der Familie.
Dort angekommen, spreche ich mit der Oma des Mädchens. Sie ist nervös, und es wäre ihr am liebsten, ich würde Sina vom Tod der Mama berichten. Aber sie ist die Oma, sie ist die Bezugsperson, und sie »muss« es sagen. Kinder möchten traurige Nachrichten von ihren Vertrauten, nicht von Fremden gesagt bekommen. Deshalb berate ich die Oma und signalisiere ihr: Sie ist nicht allein, ich kann sie unterstützen, wenn es notwendig ist. Unterstützen oder abnehmen, das sind zwei Paar Stiefel. Dann gehen wir zu Sina.

Später sitzen wir im Kinderzimmer, und Sina sagt: »Ich kann gar nicht weinen.« »Das ist nicht schlimm, manchmal kommt die Traurigkeit später, manchmal ist man ohne Tränen traurig«, erwidert die Oma und streichelt Sina über den Rücken.
Das Mädchen hält das Buch »Geht Sterben wieder vorbei?« in den Händen, und der Kater reibt und sabbert an den Buchecken. »Was macht er da?«, frage ich.
Sina sagt, mit Tränen in den Augen, die nicht fließen wollen: »Er markiert das Buch, das machen Katzen so.« »Oh, ein Glück, dass er kein Hund ist«, sage ich, und wir müssen lachen.

»Oma hat grade gesagt, dass deine Mama ganz friedlich eingeschlafen ist. Aber du weißt, was Oma damit meint?« Sina nickt, ja, sie kennt die Umschreibung. »Im Buch gibt es dazu auch eine Frage und eine Erklärung«, sage ich, und Sina fängt an zu blättern. Dann gehe ich wieder.
Als ich wieder zu Hause bin, schreibe ich Sinas Oma noch eine Nachricht: »Du hast das grade richtig gut gemacht! So liebevoll und ruhig, es hätte in dem Traurigen nicht besser sein können.«

Es war mir wichtig, das noch einmal auszudrücken. In ungewohnten traurigen Momenten braucht es Bestärkung für das, was gut ist. Es gibt oft so viele Selbstzweifel – da braucht es Zweifelvertreiber:innen und Stärkenbestärker:innen. Auch für den Mut, das Kind in traurigen Situationen nicht außen vor zu lassen.
(Tipp für uns alle: mehr loben statt zu überlegen, was man noch besser hätte machen können. Oft ist es schon gut so, wie es ist.)

Wer weiß schon?

»Ach, Frau Rupieper, manchmal bin ich richtig böse auf meinen Mann. Wissen Sie, ich denke dann: Wie konntest du einfach vor mir sterben?«

Die ältere Dame nestelt mit den Fingern an einem Stofftaschentuch. Dann greift sie nach dem Teeglas und fährt fort: »Jaja, ich weiß, er ist ja nicht absichtlich gestorben. Trotzdem: Jetzt sitz ich hier allein und wenn ich mal sterbe – wer hält dann meine Hand? Ach, Frau Rupieper, ich schäme mich ja dafür, dass ich mich über meinen Mann wirklich manchmal ärgere, aber ab und zu denke ich so.« Sie schaut mich an, schaut weg, schaut auf ihren Tee.

O ja, ich verstehe ihren Gedanken, und das sage ich ihr auch. Es ist derselbe Grund, warum auch ich am liebsten vor meinem Mann sterben würde.

Doch wir können es uns nicht wirklich aussuchen.

Schämen müssen wir uns für dieses Denken allerdings nicht, warum sollten wir das auch tun? Denn wer will schon in Trauer, Krankheit und Sterben einsam sein?

Aber wer sagt, dass wir einsam sein werden?

Manchmal wendet sich das Schicksal, und wir sterben eines Tages doch nicht allein, oder wir leben bis zum Schluss ganz selbstständig? Und wir dürfen auch nicht vergessen, wie wertvoll es ist, dass es die Palliativmedizin und Hospize gibt. Und wer weiß, wen wir an einem einsamen Tag vielleicht neu kennenlernen, der oder die uns eine neue Hoffnung im Leben gibt? Wer weiß schon?

Wie geht es dir?

Die Frage »Wie geht es dir?« sorgt in unseren Trauergruppen immer wieder für Aufregung.

»Wenn ich die schon Frage höre …!«, sagen viele trauernde Männer, Frauen und Jugendliche. Die meisten antworten dann: »Ganz gut« oder »Na, geht so« oder »Ja, sch … « Ich kann verstehen, dass diese Frage anstrengen kann, wenn man selbst nicht weiß, wie man das eigene Gefühlschaos einordnen soll. Und andererseits sage ich auch oft in der Situation: »Ihr als trauernde Menschen macht es den An- und Zugehörigen auch nicht immer leicht. Fragen diese, wie es euch geht, seid ihr genervt. Fragen sie aus Verunsicherung nicht, klagen viele wieder darüber, dass sie in der Trauer nicht wahrgenommen werden. Bedenkt das zumindest auch mal.«

Weil sich die Abneigung Trauernder dieser Frage gegenüber mittlerweile herumgesprochen hat, verunsichert das manchmal auch diejenigen, die sich wirklich interessiert bei dem Trauernden erkundigen wollen. Einige versuchen deshalb die Frage umzuändern: »Und, wie fühlst du dich?« Und dann denken insgeheim wiederum viele Betroffene: »Wie ich mich fühle, geht dich gar nix an!«

Dana, eine 15-Jährige, deren Bruder starb, sagte zu mir: »Weißt du, oft würde ich gerne sagen: ›Es geht mir gut.‹ Aber ich sage es nicht, denn dann denken die Leute ja, es wäre alles gut. Denn dass mein Bruder tot ist, ist nicht gut und ist einfach traurig. Aber auf einer anderen Ebene, da ist es wirklich oft o. k. Komisch, irgendwie.«

Claudia sagt: »Frag mich nicht, wie es mir geht. Frage lieber nach, ob heute in der Trauer Ebbe oder Flut ist.«

Stefan sagt: »Ich hätte das gerne, wenn die Leute fragen – und erst recht zuhören würden, wie es mir geht. Aber wenn sie überhaupt fragen und ich dann erzähle, dass es mir die letzte Zeit nicht so gut geht, dann höre ich wiederum: ›Ach, Stefan, Kopf hoch, das wird schon wieder.‹ Ja, wollen sie es nun hören oder nicht?!?«

Als Claudia im Büro von ihrem Chef, der ihr auf dem Flur entgegen kam, gefragt wurde, wie es ihr gehe, antwortete sie: »In letzter Zeit nicht so gut.« Der Chef erwiderte geistesabwesend – oder eher gefühlsabwesend – im Vorbeigehen: »Das ist ja schön.«

Ja, es ist schwer, die schweren Gefühle anderer zu hören oder auszuhalten, erst recht, wenn man nicht aus wirklichem Interesse gefragt hat. Und es ist auch schwer zu erklären, wie man sich fühlt, wenn man es selbst oft nicht so genau weiß. Oder weil man nicht gelernt hat, die eigenen oder die Gefühle anderer nachzuempfinden oder auszusprechen.

Ich mache gute Erfahrungen damit, dass ich manchmal sage: »Vielleicht fragen dich viele Leute und vielleicht nervt dich dieser typische Satz: ›Wie geht es dir zur Zeit?‹ Aber ich meine es tatsächlich ehrlich, es interessiert mich wirklich.«

Wenn mein Herz überschwappt

An einem sonnigen Herbstnachmittag saßen wir zu fünft in der Küche im LAVIAhaus: eine Mutter mit ihrer Tochter und ihrem Sohn, dazu mein Kollege Andreas und ich. Es ging um den Tod des kleinen Bruders, und es war klar, dass wir vom Team uns später in der Einzelbegleitung auf die einzelnen Personen aufteilen würden, wenn Mutter, Sohn und Tochter das wünschten.
Der 19-jährige Sebastian hielt sich im Gespräch sehr zurück, deshalb waren wir erstaunt – und erfreut natürlich auch –, dass er sich eine Begleitung wünschte. Schweigen ist bei Männern in Trauer anfangs zwar nicht ungewöhnlich, aber der junge Mann hatte ausdrücklich betont, dass er grundsätzlich nicht der Redner sei und eigentlich überhaupt nicht mit dabei sein wollte.

Bevor Andreas zum ersten Mal allein mit Sebastian zur Begleitung verabredet war, traf ich ihn zufällig in der Küche. Während wir uns unterhielten, legte er Zigaretten auf den Tisch und sagte: »Die habe ich mir grade erst mal eingesteckt.«
»Du rauchst?«, fragte ich. Er lachte: »Nee, eigentlich nicht, nur manchmal. Aber ich habe gesehen, dass Sebastian raucht, und da dachte ich: Wenn er mag, gehen wir erst mal zusammen eine rauchen, dann ist er vielleicht etwas entspannter. Dann kann man da stehen und schon mal über dies und das reden. Das ist einfach netter …« Das war der Moment, in dem mein Herz überschwappte. Und ich sagte: »Ey, ich finde das so schön, dass ihr alle so ›Trauerbegleiter plus‹ seid!«

Manuela schreibt Niko abends einen Gutenachtgruß ins Wohnheim. Anna bringt Playmobil von zu Hause mit, damit Jaron beim Spielen unbeschwerter von der Trauer um den kleinen Bruder erzählen kann. Helene backt ihre Spezial-Schokomuffins, weil alle Gruppenkinder die so lieben. Helena kauft im Laden Lieblingslebensmittel ein, um mit Joana eine Gemüse-Gesichter-Pizza zu backen. Olaf besorgt Weihnachtsoblaten aus dem polnischen Laden, weil Elzbieta von ihrem früheren Weihnachtsritual in der Familie erzählt hat. Viki schafft es, dass der kleine Schulvermeider nach zwei LAVIA-Treffen wieder zur Schule geht. Claudia testet zu Hause selbstgemachte Adventskalender für die Elterntrauergruppe aus. Anna, Andreas, Beate, Birgit, Caren, Caro, Chantal, Claudia, David, Eva, Gerhild, Helena, Helene, Karin, Kathrin, Leandra, Malte, Manuela, Marius, Meinrad, Moritz, Olaf, Petra, Sabine, Sonja, Thomas, Verena, Viktoria …: Alle stecken so viel Herzlichkeit in diese Familientrauerarbeit mit hinein – und wir treffen ebenso häufig auf so herzliche Menschen – es macht das Schwere in allem leichter, auf beiden Seiten.

Wie eine Blumenbrücke die Welten verbindet

Und andere Geschichten vom Abschiednehmen

Eine Brücke aus Blumen

Josefine ist 13 Jahre alt. Weil ihre Mama, mit der sie seit der Trennung der Eltern vor zwei Jahren in Rosenheim gelebt hat, überraschend starb, ist sie jetzt wieder im Ruhrgebiet bei ihrem Vater. Bei ihrem Vater, von dem sie sich durch die große Entfernung etwas entfremdet war und an dem die Mutter kein gutes Haar gelassen hat. Bei dem Vater, der nicht so sehr um die Mutter trauert, weil die Liebe zu ihr abhandengekommen war.

Und dazwischen steht nun Josy. Schon und doch erst 13 Jahre alt und irgendwie allein, zumindest fühlt sie sich allein, auch wenn sie vom Vater umsorgt wird. Er ist auch mit ihr zur Trauerbegleitung gekommen, er sorgt sich und bemüht sich um sie.

Das mag sie an ihm. Gleichzeitig ergibt sich daraus ein Problem für sie: Beim Vater zu wohnen, sich dort heimisch fühlen zu wollen und ihn gern zu haben, fühlt sich für sie der toten Mutter gegenüber irgendwie wie ein Verrat an. – So oft tragen die Kinder die Probleme der Eltern aus, entwickeln Symptome und leiden manchmal jahrelang und länger darunter.

Zur bevorstehenden Beerdigung wird Josy mit Tante und Onkel nach Rosenheim fahren. Das Grab kann sie später nicht mal einfach so besuchen, es ist zu weit weg. »… aber darüber mache ich mir keine Gedanken«, sagt sie leise. »Doch, wir können uns schon darüber Gedanken machen. Zum Beispiel, wie wir eine Brücke schlagen können zwischen Bayern und dem Ruhrgebiet.«

In meiner Vorratsschublade liegen Glücksklee-Blumenzwiebeln und eine Tüte mit Vergissmeinnicht-Samen. Und so entstand die Idee, dass Josy an Mamas Grab Klee und Vergissmeinnicht pflanzen und säen könnte – um das Gleiche dann im Garten ihres neuen Zuhauses zu tun. Blühen und wachsen hier die Blumen, dann wird es gleichzeitig oder etwas zeitversetzt auf Mamas Grab auch so sein. Und wenn sie hier eine Grabkerze zwischen die Blumen stellt, dann ist das gleichzeitig ein Gruß nach Rosenheim. Eine Brücke aus Blumen und Licht.

Vergissmeinnicht

Als der Papa starb, waren die acht- und zehnjährigen Söhne mit ihm allein in der Wohnung. Die Mama kam vom Einkaufen zurück und sah den Zehnjährigen, der versuchte, den Papa wiederzubeleben.
Dann kamen der Krankenwagen, die Polizei, und der Vater war erst mal weg. Weil die Familie zu wenig Geld hatte, erhielt die Mutter eines Tages Bescheid, dass der Papa der beiden Jungen anonym, ohne die Anwesenheit der Angehörigen, beerdigt werde. Wo? Keine Ahnung …
Als ich als Familientrauerbegleiterin in diese Familie kam, war es der Mutter und mir klar, dass wir nicht alle Probleme lösen, aber gemeinsam schauen könnten, wie man nun mit dieser Situation umgeht. Sie ist nicht schönzureden und dennoch ein Teil des Lebensweges der Familie.
Ich erklärte den Kindern, dass eine Beerdigung sehr viel Geld kostet und dass dies nicht jeder gut bezahlen kann. Das konnten sie nachvollziehen, weil sie es kannten, dass es in ihrem Leben viele Dinge gibt, die sie sich nicht leisten können. Die Mutter erzählte den Söhnen, dass sie nicht wisse, wo genau der Vater begraben sei. »Dann hat Papa gar kein Grab mit Blumen drauf wie unsere Meerschweinchen?«, fragte der Achtjährige. »Armer Papa«, sagte der Zehnjährige. »Habt ihr denn Lust, dem Papa eine Kerze zu bemalen, die wir an einen schönen Gedenkort auf den Friedhof stellen, der hier bei euch in der Nähe ist?«, fragte ich Mutter und Kinder, denen die Idee gefiel. Außerdem sollte Papa wie die Meerschweinchen auch Blumen bekommen, befand der Zehnjährige. Und so entwickelte sich die Idee einer eigenen kleinen Gedenkfeier am folgenden Tag.

Als ich im LAVIAhaus Kerzen und Stifte für die Vorbereitung der Abschiedsfeier zusammenpackte, fiel mir ein kleiner Pappsarg in die Hände, in den man am »Dia de los Muertos«, dem mexikanischen Tag der Toten, Kekse und Ähnliches hineinfüllt. Auch diesen packte ich ein.

Wenig später saßen wir zusammen am Küchentisch, und die Kinder bemalten mit ihrer Mutter die Grabkerzen und schrieben auf bunte Zettel alles auf, was sie am Papa geliebt hatten, was sie von und mit ihm in guter Erinnerung hatten. All diese Schätze packten wir in den kleinen Pappsarg, und dann zogen wir gemeinsam zum Friedhof.

In der Tasche eine kleine Schaufel, der kleine Sohn trug die Blume, der große den Pappsarg, und die Mutter hatte das Handy in der Hand, auf dem sie Lieder gespeichert hatte, die ihr Freunde für unsere kleine Abschiedsfeier zugeschickt hatten.

Auf dem städtischen Friedhof suchten wir eine schöne Stelle zwischen drei alten Bäumen, die seitlich an einem Grabfeld standen. Der Boden war zwar ziemlich hart hier und von Baumwurzeln durchwachsen, aber der Zehnjährige buddelte mit ganzer Kraft und kratzte das Loch aus. Der Achtjährige hatte eine Gießkanne gefunden und wartete schon darauf, die Vergissmeinnicht in die Erde über dem Sarg zu pflanzen und sie dann zu gießen. Die Mutter stand seitlich an einen der Bäume gelehnt. Sie ließ die Playlist laufen und weinte leise dabei. Alle hatten etwas zu tun.

Und dann war das »Grab« fertig. Der Zehnjährige holte noch einen bemalten Stein aus der Hosentasche. Er hatte ihn in der Schulbetreuung selbst bemalt, es sollte Papas Grabstein werden.

Die Blume wurde begossen, die Kerzen angezündet und der Stein feierlich zurechtgerückt. Aus dem Handy erklangen Lieder. »Die Musik ist aber wirklich traurig«, sagte der Zehnjährige ehrfürchtig. Die Mama weinte. Der Achtjährige wollte neues Wasser in der Gießkanne holen.

Nach dem letzten Lied aßen wir Muffins im Stehen, hatten schokobeschmierte Finger und auch Münder. Und dann wollten die Kinder gehen, um zu Hause zu spielen.

Das war gut so. Nach etwas Schwerem tut etwas Erleichterndes gut. Kinder sorgen da für sich, ganz unbeschwert. Sie fragen nicht:

»Darf man das?«, sie tun es. Allerdings fällt es ihnen auch deshalb leichter als den meisten Erwachsenen, weil jüngere Kinder die Bedeutung von »Papa ist tot« noch nicht ganz begreifen. Aber sie haben einen ersten Teil davon verstanden. Das wurde dadurch deutlich, dass sie dem Papa zum Abschied etwas schenken wollten: das geschriebene »Danke«, drei Kerzen, Musik und eine Blume, die sogar »Vergissmeinnicht« heißt.

Wie schön wäre es, wenn auf dem Lebensweg der Söhne ab und zu Vergissmeinnichtblumen sichtbar werden, die an die liebevollen Seiten des Vaters erinnern.

Bunte Kerzen

An einem Abend kommen wir zusammen, um einem kleinen Mädchen auf Wiedersehen zu sagen, das überraschend verstorben ist. Die kleine Leni ist im LAVIAhaus aufgebahrt. So haben die Eltern und Geschwisterkinder Zeit, um Abschied zu nehmen.
Die kleinen Geschwister wuseln durch die Gegend, sie klimpern auf dem Klavier, malen Bilder und streicheln die tote Schwester. Sie küssen sie auf die Händchen und ins Gesicht, und dann spielen sie wieder.
Anders die Eltern und großen Geschwister. Sie sind ernster, weil sie die Bedeutung der Aufbahrung, des Abschieds und der Zukunft ohne die kleinste Tochter und Schwester mehr verstehen.
Sie reden, schweigen, fragen, weinen, lachen beim Erinnern, und auch sie streicheln die kleine Leni. Sie achten ebenfalls auf die anderen Kinder, nehmen sie zwischendurch in den Arm. Alle haben den gegenseitigen Trost so nötig.
Auf der einen Seite des Sarges steht ein Tablett, auf dem sieben bunte Kerzen brennen. Sechs davon sind nach den Farben des LAVIA-Trauermodells ausgesucht, deren Bedeutung ich den Eltern und Kindern erklärt habe. Und so wurden sie anfangs in dem Bewusstsein entzündet, ein Licht in die Dunkelheit und vielleicht ein klein wenig Verständnis in das Gefühlschaos zu bringen.
Die grüne Kerze brennt für das Begreifen, das Anfassen, das Betrachten, das Entdecken der Lücken, die die Tochter und Schwester hinterlässt, und auch für die Unbegreiflichkeit.
Die orangefarbene Kerze brennt für das Funktionieren. So vieles muss getan, bedacht, versorgt und organisiert werden. Der normale Alltagswahnsinn ist ja durch die Trauer nicht verschwunden – und gleichzeitig dürfen da Momente des Krafttankens sein. Lachen, erinnern, am Küchentisch gemeinsam Pizza essen … Die jüngeren Kinder sorgen grade im Nebenraum mit einem Zank dafür, dass die Eltern nicht ganz in der Trauer versinken.

Die rote Kerze leuchtet für die Vielfalt der Gefühle: Trauer, Sehnsucht, Wut, Schuldgedanken, Liebe, Sorgen, Hoffnung, Fassungslosigkeit, Ängste, Zuversicht …
Die violettfarbene Kerze leuchtet für das, was noch nicht akzeptiert werden kann. Denn die Frage nach dem Warum geistert immer wieder durch den Raum. Es ist so unverständlich, so unlogisch …
Die blaue Kerze hat der große Bruder angezündet. »Ab jetzt ist alles anders und ändert sich vieles«, sagte er schon beim ersten Gespräch. Ja, die Farbe Blau steht im LAVIA-Trauermodell für die Veränderung, an die man sich nach und nach anpasst.
Die gelbe Kerze hat die Mutter angezündet. Am Tag zuvor saß sie an dem kleinen weißen Kindersarg, versuchte die Händchen ihrer jüngsten Tochter warm zu reiben und sagte zu mir: »Mechthild, sag mir bitte: Wo ist Leni? Sie kann doch nicht einfach weg sein?!« Und mir war bewusst, dass sie, die sich bis zu diesem Zeitpunkt noch nie gefragt hatte, ob es ein Weiterleben nach dem Tod gibt, zwar den Körper der kleinen Tochter vor sich liegen hatte, aber etwas anderes meinte, wenn sie nach ihrem Kind fragte. Sie sprach von der Seele, der Energie, dem Lebenshauch, ganz gleich, wie man es nennen mag.
Es brannte auch eine bunte Kerze in Regenbogenfarben inmitten der anderen Lichter. Die hatte ich selbst angezündet für die Erinnerungen, für das Jetzt und für die Zukunft.

Ein schöner Ort

Der elfjährige Milan war noch nie auf einer Beerdigung, der plötzliche Tod der Mama ist grade noch »wie ein Film« für ihn. Wie ein falscher Film. Nur Stück für Stück begreift er, was das bedeutet, dass seine Mama gestorben ist.
Nun wird sie beerdigt, und wir suchen am Tag vorher schon einmal das Grabfeld auf, wo das Loch für den Sarg schon ausgehoben ist. Es ist mir, in Absprache mit seinen Verwandten, wichtig, dass er am Tag der Beerdigung nicht von zu vielen neuen Eindrücken erschlagen wird. Wir bringen schon einmal eine Blume an Mamas Grabstätte, Milan kann Fragen beantworten und erhält die Erklärungen, die er braucht.

Wir fahren mit meinem Auto zum Friedhof, und es gefällt Milan sehr, auf der Beifahrerseite einzusteigen. »Wofür ist der Knopf da?«, fragt er mich. »Das ist der Startknopf«, sage ich und lasse ihn starten.
»Und was hast du heute gemacht?«, fragt er mich. Mit Milan kann man sich gut unterhalten, er ist an vielem interessiert. »Ich habe heute Peter Maffay getroffen«, sage ich und denke, ich muss ihm jetzt erklären, wer das ist. »Den kenn ich!«, ruft Milan da freudig aus. »Das ist der mit Tabaluga. Das habe ich immer zu Hause mit Mama gehört!« Und ich erzähle ihm, dass Peter eine ganz ganz kranke Frau im LAVIAhaus besucht und sie sich so sehr darüber gefreut hat. Ja, und obwohl morgen die Beerdigung seiner Mama bevorsteht, freut sich Milan für die kranke Frau, die heute so glücklich war.

»Hier wird also meine Mama beerdigt«, sagt Milan so vor sich hin, als wir über den Friedhof gehen. »Das ist aber wirklich ein schöner Ort«, murmelt er ein paar Minuten später.
Seine Mutter heißt Dagmar und wird auf dem Feld »D« beerdigt. Oder »hieß« sie Dagmar? Da reden wir auch drüber.

An der Trauerhalle schauen wir auf den Friedhofslageplan, fotografieren ihn ab und machen uns auf die Suche. Milan sagt: »Wenn ich mal tot bin, werde ich auf ›M‹ beerdigt.« Ich stutze, dann verstehe ich: »Nee, Milan, man wird nicht nach den Anfangsbuchstaben vom Vornamen beerdigt, das mit dem ›D‹ von Mama ist ein Zufall.«
»Ach so«, meint er, »aber praktisch wäre es schon, dann muss man nicht so lange suchen.«
Wir finden die Grabstelle, die mit einer dunkelgrünen Plastikfolie und Holzbalken abgedeckt ist, stehen erst davor und verschieben dann einen Balken, damit wir die Plane ein Stück vom Grabloch wegziehen können.
Wir schauen runter: Fast zwei Meter ist das Loch tief, und ich erzähle, dass dort morgen früh ein Rasenteppich an den Rändern reingelegt wird, damit es schöner aussieht.
»Sowas habe ich noch nie erlebt«, sagt Milan. Schaut in das Loch rein und wirft dann die rote Rose hinunter. Das hatten wir im Vorhinein überlegt, damit die Mama morgen im Sarg schon einen Gruß vorfindet. Auf Rosen gebettet wird. Und weil die Mama den Herbst so gerne hatte, bekommt sie auch noch ein paar gesammelte Blätter dazu.
Der Himmel hat wunderschöne Farben, orangerosa ist er.
»Meine Mama mochte Rosa«, sagt Milan.
Wir gehen noch etwas auf und ab, er mag noch nicht zurück nach Hause. Als es zu dämmern beginnt, flattern über dem Grab zwei Fledermäuse blitzschnell hin und her.
»Guck mal, Fledermäuse«, sage ich. »Habe ich auch noch nie gesehen«, stellt Milan fest und dann wieder: »Das ist wirklich schön hier! Vielleicht mache ich mal mit meiner Schulklasse einen Ausflug hierher.«
»Ja, das wäre sicher schön«, sage ich und nehme mir fest vor, seinem Klassenlehrer die Idee vorzuschlagen.

Auf dem Rückweg schauen wir uns die Gießkannen an den Wasserstellen an. Milan probiert den Wasserhahn aus. »Es funktioniert alles«, stellt er zufrieden fest.

»Was ziehst du morgen an?«, frage ich, und Milan erzählt, dass er neue Sachen bekommen hat. Und schwarze Schuhe, die hatte er noch nie. Darauf ist er stolz. Wie Männerschuhe sehen sie aus.

Wir kommen am Friedhofstor an, gehen raus.

Er blickt noch einmal zurück und sagt zum wiederholten Mal: »Ich muss echt sagen, der Friedhof ist richtig schön.« Und dann steuert er auf die Beifahrerseite meines Autos zu und ergänzt: »Und du hast das schickste Auto, das ich jemals gesehen habe!«

Festlich

»Nur noch drei Mal schlafen!«, trällert Maria stolz in einem Singsang und strahlt uns an. »Und was ist dann?«, frage ich. »Beerdigung!«, antwortet sie, lacht und klatscht vor Freude in die Hände. »Dann wird die Mama beerdigt.«

Maria ist sechs Jahre alt und begreift noch nicht im Ganzen, was »tot« bedeutet. Sie begreift noch nicht, dass ihre Mama für immer tot und damit für immer von ihrer Seite im realen Leben fort ist.

Sie begreift aber, dass die Beerdigung ein großer Tag ist, denn es wird viel vorbereitet für Mamas Abschiedsfest. Und darauf freut sie sich so sehr! Sie weiß, welches Lied gespielt wird: eines, auf das sie vor einigen Wochen noch mit ihrer Mama getanzt hat.

Manchen Erwachsenen stockt vielleicht der Atem, wenn sie Maria lachen und freudig erzählen hören. Manche werden denken: »Was ein komisches Kind, hat sie denn keine richtigen Gefühle?«

Aber Maria ist ganz richtig und gar nicht komisch oder gefühllos. Aber sie ist eben erst sechs Jahre alt und wird das Traurige an dem Ganzen erst nach und nach verstehen: Stück für Stück, ihrer Psyche angemessen. Und dazu hat sie neben ihrer Familie Hilfe durch den Kindergarten und die Familientrauerbegleitung an ihrer Seite.

In der Familientrauerbegleitung lernen schon die kleinen Kinder, ihre Resilienz zu stärken, um Kraft für die Momente zu sammeln, in denen ihnen der Verlust schmerzlich begreiflich wird.

Na, und dass sich Maria auf die Beerdigung freut, ist doch ein Kompliment an die Mama, dass sie die Vorbereitungen der Feierlichkeit wert ist. Denn wenn schon ein geliebter Mensch stirbt, dann sollte doch wenigstens die Abschiedsfeier so liebevoll und herzlich gestaltet sein, dass Maria und vielleicht noch mehr Menschen im Nachhinein sagen: »So traurig der Tod auch ist, aber es war wirklich eine schöne und würdige Verabschiedung.«

Anders wollte ich es, wenn mein Abschied gekommen ist, doch auch nicht haben.

»Papa, heia ...«

Ich bin mit Frida und ihrer Mutter beim Bestatter verabredet. Die zweijährige Frida wird dort mit ihrer Mama vom Vater Abschied nehmen, das ist der Mutter wichtig. Sie versteht, dass es etwas mit der Würde und Wertschätzung zwischen Vater und Tochter und mit einer guten Trauerkultur zu tun hat. Gleichzeitig ist sie traurig und etwas aufgeregt. Ein Besuch beim verstorbenen Ehemann und Papa – wer hat das schon geübt?

Frida sieht Papa und sagt: »Papa heia.« Sie ist noch so klein, dass sie den Unterschied zwischen Tod und Schlaf nicht erkennt.
»Gott sei Dank!«, könnte man jetzt sagen, dann ist es nicht so schlimm. Aber als Trauerbegleiterin sage ich: »Nein! Bleibt bei der Wahrheit und fürchtet euch nicht!«
Denn wann sagt ihr dem Kind, dass der Papa doch nicht schläft, nicht erwachen kann, weil er tot ist? Und wer weiß, ob das kleine Mädchen nicht eines Tages Angst bekommt, die Mama könnte auch so einschlafen, wie der Papa es tat?
Das erkläre ich vor Ort.
Und als die kleine Tochter wieder »Papa, heia« sagt, erklärt ihr die Mutter: »Frida, Papa sieht aus, als wenn er heia macht. Aber Papa schläft nicht, Papa ist tot.« Das Mädchen kuschelt sich an die Mama und sagt wieder: »Heia.«
Sie darf es sagen, das ist o. k. Aber die Mama darf es nicht bestätigen. So bleibt sie ehrlich, ohne dass es das Kind belastet. Frida versteht mit zwei Jahren noch nicht, was hier passiert. Deshalb fürchtet sie sich auch nicht.
Sie spürt aber ganz sicher: »Mama ist ja da.« Und sie wird auch die Ehrlichkeit spüren, die in Mamas Worten steckt.
Damit hat das kleine Mädchen Glück in dem großen Unglück. In einer traurigen Zeit nicht betrogen, belogen, nicht außen vor gelassen zu werden, ist so wertvoll.

Im Kofferraum meines Autos habe ich noch eine weiße Urne und Abtönfarbe. Damit kann die Familie Papas Urne anmalen oder beschreiben.
Zwei Tage später schickt mir Fridas Mama Fotos zu. Das zweijährige Mädchen hat Papas Urne bemalt, und sie hat es mit Leidenschaft getan. Ganz sicher weiß sie jetzt noch nicht, was sie da bemalt hat, außer, dass es ein Geschenk für Papa ist, ihr Malen.
Aber später, wenn ihre Mutter ihr die Fotos zeigt und von dieser Zeit erzählt, dann wird das Mädchen wahrscheinlich stolz und berührt sein, dass sie ihrem Papa ein Abschiedsgeschenk gemalt und dass ihre Mama ihr das ermöglicht hat.

Gemeinsam Abschied nehmen

Der Opa ist vor ein paar Tagen gestorben, aber die achtjährige Enkelin, die ihn über alles geliebt hat, weiß es noch nicht. Ihre Mutter möchte sie nicht traurig machen, und so schiebt sie die Nachricht vor sich her.

»Wann ist denn die Beerdigung?«, frage ich. »Am Freitag«, ist die Antwort. »Aber wir werden sie nicht mitnehmen. Das ist viel zu traurig. Wir gehen lieber mit ihr zum Grab, wenn die Erde reingeschaufelt ist und Blumen darauf wachsen. Dann kann sie nachträglich Abschied nehmen.«

»Eine Beerdigung ist eine Abschiedsfeier«, gebe ich zu bedenken. »Und wenn deine Tochter den Opa so gerne hatte, dann dürft ihr sie dabei nicht außen vor lassen. Denn sie davon auszuschließen, ist irgendwie so, als würde euer Kind später einmal sagen: ›Puh! Meiner Mutter sage ich erst mal nicht, dass ich heirate. Zur Hochzeitsfeier lade ich sie ganz sicher nicht ein: Mama ist immer so emotional und würde in der Kirche bestimmt weinen. Ich glaube, das wäre zu viel für sie – und auch für uns. Wir nehmen sie aber später mit in die Kirche, wo wir geheiratet haben. Da kann sie dann eine Kerze anzünden, und anschließend gehen wir mit ihr im gleichen Restaurant essen, in dem wir nach dem Gottesdienst weitergefeiert haben. So ist sie dann auch nachträglich mit dabei.«

Und, was soll ich sagen?

Ihre Tochter durfte eine Grabkerze bemalen, die dann in der Trauerfeier vor dem Sarg und später auch am Grab entzündet wurde. Alle waren in der Traurigkeit und dem Abschied zusammen, niemand wurde ausgeschlossen.

Klangvoll

Mit der zweijährigen Marie und ihrer Mutter habe ich den toten Papa im und am Sarg verabschiedet. Marie hatte mit der Mama zu Hause schon ein Bild und im Bestattungshaus noch Botschaften an den Sarg gemalt. Als ich ihr die Klangschale gab, spielte sie dem Papa eine Melodie, und danach spielte auch die Mama.

Eigentlich hatte die Mutter vor, der kleinen Marie den Vater nicht mehr zu zeigen, sondern ihn »herzschmerzfrei« verschwinden zu lassen, zu Hause die Bilder zu entfernen und zu hoffen, dass alles gut wird.

Zum Glück ist die Mutter auf eine gute Bestatterin getroffen, und auch die Leitung des Kindergartens ermutigte sie, Marie einzubeziehen. So kamen wir zusammen.

Am Telefon sagte ich der Mutter: »Weißt du, so aus dem Nichts, so sang- und klanglos verschwinden, das wäre doch auch nicht der Wunsch von und für uns Mütter, wenn wir mal sterben.«

In Wirklichkeit wünschen wir uns doch auch keine Kinder, denen der Verlust eines lieben Menschen am A … vorbeigeht. Und trotzdem tendieren wir manchmal zur Vermeidung, vielleicht auch, weil wir die Traurigkeit und Tränen unserer Kinder fürchten, die auch unsere eigenen Tränen hervorrufen.

Allerdings: Das wäre nicht schlimm.

Tränen der Trauer sind Tränen der Liebe.

Küssen muss nicht sein

Paul ist elf, seine große Schwester Jenny ist 16 Jahre alt. Die Mama liegt nach einem Unfall im Wachkoma. Paul und Jenny wohnen nun erst mal bei ihrer Oma. Eine Oma, die stark und voller Energie ist, ihre Enkelkinder unterstützt, aber als Mama der verletzten Mama selbst auch traurig ist. Die drei sind ein gutes Team, aber das, was sie alle erleben, ist hart.

Ich spreche gern mit ihnen, weil sie auch Hilfe und Ideen annehmen.

Zum Beispiel haben Oma und Jenny bis jetzt, einige Wochen nach dem Unfall, den jüngeren Paul noch nicht mit in die Beatmungswohngruppe genommen. Sie wollten ihn vor Mamas Anblick schützen und haben dabei nicht bemerkt, dass sie dem Jungen im Hinblick auf die Mama damit eher Angst und Gruselgedanken einflößen.

Als er die Mutter das letzte Mal gesehen hatte, bevor er in die Schule ging, verabschiedete er sich von einer hübschen sportlichen Mama. »Mach's gut!« »Ja, du auch. Tschüss!« Und nun stehen wir vor der Haustür der Beatmungs-WG. Die Oma und die Enkelkinder sind aufgeregt, freudig und ängstlich. Paul hat eine Rose dabei, er hält sich nah an der Oma.

Der Türdrücker summt, und wir gehen die Treppen hoch. Vor dem Zimmer der Mutter ziehen wir die sterilen Schutzkittel an. Dann gehen wir rein. Paul stockt. Ist still, fängt an zu weinen, ganz leise, mehr nach innen, dann will er wieder raus aus dem Zimmer. Raus! Nur weg!

Die Oma geht mit ihm, nimmt ihn in den Arm. Tröstet. Erklärt. Paul will nicht mehr ins Zimmer. Und nun?

Die Oma geht wieder zu ihrer Tochter, ich setze mich zu Paul aufs Sofa.

Ich rede mit ihm, erkläre ihm, dass er, wenn er jetzt nicht mehr zu Mama ins Zimmer geht, wahrscheinlich für immer den Schrecken der ersten Begegnung spürt, wenn er an Mama in der Beatmungs-WG denkt. Wenn er sich aber traut, noch einmal reinzukommen, dann wird der Schreck kleiner. Über den ersten Anblick könne er sich zum Beispiel nicht mehr so wie vorher erschrecken, weil es jetzt ja sein zweiter Anblick wäre. Und beim dritten, vierten und dreiunddreißigsten … Paul grinst, überlegt, nickt, und langsam gehen wir zurück in das Zimmer. Die Oma und die Schwester sind gerührt, dass er es gewagt hat, den Raum zu betreten, sie gehen jetzt so liebevoll und viel sicherer mit dem Jungen um.

Während die Oma ihrer Tochter erzählt, dass der kleine Sohn da ist, kommt Jenny, die Schwester, zu Paul ans Fußende des Bettes und schaut mit ihm die Familienfotos an, die mit Tesafilm an die Wand geklebt wurden. So kann sich Paul Stück für Stück an den Raum und an die Nähe zu Mama gewöhnen; mit der Schwester die Fotos zu betrachten, löst die restliche Anspannung aller. Im Regal liegt Flüssignahrung, und als er interessiert liest, was auf den Etiketten steht, erkläre ich ihm, was es mit der Magensonde und dem Urinbeutel auf sich hat, den er aus den Augenwinkeln betrachtet. So kommt in die unverständlichen Dinge eine Logik und damit ein wenig mehr Normalität in das Krankenzimmer.

Dann blättert Jenny mit ihm durch die Dokumentationsmappe. »Schau, so lange ist Mama schon hier. Und alles, was man bei ihr macht, wird hier aufgeschrieben.« Währenddessen spricht die Oma liebevoll mit ihrer Tochter. Paul nickt, beobachtet die Oma, wie sie mit der Mama redet, und dann geht er zum Kopfende des Bettes. »Hallo, Mama«, sagt er, und die Oma drückt seine Hand. Das Herz geht einem dabei auf: In aller Traurigkeit ist es gleichzeitig auch schön, was hier geschieht.

Nein, Paul küsst Mama nicht zum Abschied, wie es die Oma und die Schwester tun. Und vielleicht würde die Mama auch sagen: »Paul, ist o.k. Küssen muss gar nicht ein. Hauptsache, du warst hier!«

Und ja, er wird wiederkommen. »Klar«, sagt Paul und winkt seiner Mama zum Abschied zu.

Seifenblasenschön

Carla meldet sich bei mir. Sie wird sterben und möchte gerne Unterstützung für ihren dreijährigen Sohn Nick bekommen. Fast zeitgleich meldet sich Sandra, die behandelnde Oberärztin der Palliativstation, und fragt nach einer Zusammenarbeit.
Als ich mich mit Carla und ihrem Mann treffe, ist die Oberärztin auch dabei. Das ist so wertvoll. Es geht um Fragen, um Bestätigungen, um Informationen – ja, es geht um Sicherheit in einer unsicheren Situation. Es kommt die Idee auf, Carla könnte noch Handabdrücke auf ein Kuschelkissen machen. Sie möchte auch noch einen Brief schreiben. An Alex, ihren Mann, und an ihren Sohn. Aber: »Ich habe es schon tausend Mal probiert, ich will es ja, aber ich schaffe es nicht«, sagt sie zu mir.

Ich weiß, wie emotional schwer das Sterbenden fällt und dass dabei viele um Worte ringen. Wir verabreden, dass ich mit Briefpapier vorbeikomme und ihr eine Schreibtechnik zeige, die helfen kann, einen »Abschieds-Liebesbrief« aus Kopf, Herz und Bauch heraus zu schreiben.
Ja, Carla hat Lust, noch sinnvolle und wertvolle Dinge zu tun.
Und sie liebt es, ihren kleinen Sohn zu sehen.
Carla ist sterbend, und das weiß sie. Aber sie will noch etwas leben. Sie gibt *alles*, so wie viele Mütter es tun. Sterbende Mütter gehen meist an ihre allerletzten Reserven und kämpfen bis zum Schluss.

Ich habe Briefpapier und Umschläge in fünf verschiedenen Farben eingekauft. So kann Carla vor dem Schreiben erst einmal eine Farbe aussuchen, die zur Situation und zum Inhalt passen wird. Eine erste Einstimmung in das Schreiben ist damit geschafft.

Und dann erreicht uns am übernächsten Tag die Nachricht, dass es in allen Krankenhäusern wegen der Corona-Pandemie eine Besuchssperre gibt. Für Carla heißt das, dass ihr kleiner Sohn sie nicht mehr besuchen darf.

Das ist der Moment, in dem etwas in ihr zusammenbricht. In dem mit einem Schlag deutlich wird, dass ihr »Energie-Reservetank« leer ist.
Das sind die Momente, die wir fast alle kennen: der Funke Hoffnung auf jemand oder etwas, wofür sich unsere extremste Anstrengung lohnt – die Anstrengung, die in Wahrheit aber über unsere Kräfte geht –, verlöscht … und wir sacken in uns zusammen.
So ist es auch jetzt.
Ja, es gibt noch Telefon und auch Skype. Beides ist ein Segen für die, die es nutzen können. Ein dreijähriges Kind jedoch hat oft wenig Lust, genau dann zu telefonieren oder zu skypen, wenn die Mama grade aufgrund einer Schmerzmittelpause ansprechbar ist. Kleine Kinder leben im Hier und Jetzt, sie wollen *jetzt* telefonieren oder irgendwie jetzt auch gar nicht. Sie verstehen nicht den Ernst der Lage. Sie freuen sich, dass sie zu Hause Lego spielen können und nicht im Krankenhaus sitzen, wo es meistens nach einer Weile langweilig wird.
Dass die Mama sterben wird und es jetzt die letzten Momente miteinander sein werden, wie sollen Kinder das auch verstehen?

Von Tag zu Tag verliert Carla mehr Lebensenergie. An Briefeschreiben ist nicht mehr zu denken. Es geht nicht mehr, aber es ist auch nicht mehr wichtig, weil jetzt andere Dinge in den Vordergrund kommen. Schmerzfreiheit und neue Abschiedsformen suchen, das ist jetzt das Thema.
Bei all dem ist die Oberärztin, die selbst Mutter von zwei Kindern ist, Rat gebend und stützend an der Seite. Bei ihr wird der Gedanke der palliativen Medizin so sichtbar – ein Segen für die, die solche Mediziner:innen an ihrer Bettkante haben!

Carlas Mutter wacht und schläft bei ihrer Tochter. Es hilft Mutter und Tochter gegen die Angst. Alex ist mit dem Sohn zu Hause, er steht telefonisch und online mit seiner Frau in Kontakt und ist ihr auf diese Weise nahe.

Die Oberärztin meldet sich einige Tage später bei mir und sagt: »Carla ist unruhig. Sie quält sich. Vielleicht kann sie nicht sterben, weil ihr der Abschied von ihrem Kind fehlt?« Und dann beschließen wir gemeinsam mit dem Vater, dass es noch ein Treffen geben kann. Eine Ausnahmeregelung. Was ein Glück in dieser eigentlich unglücklichen Zeit.

Am nächsten Tag klingle ich am Eingang des Krankenhauses, der Sicherheitsdienst lässt mich hinein. Hände desinfizieren, dann den Gang weiter durch bis zur Palliativstation. Die Tür vom Arztzimmer ist angelehnt, ich höre eine Kinderstimme. Nick und die Oberärztin machen auf dem Schreibtisch ein Autorennen mit Lego- und Matchboxautos. Nick gewinnt.
Er sitzt danach stolz auf Papas Schoß, und die Oberärztin erklärt ihm, dass die Mama jetzt etwas anders aussieht und anders guckt und spricht, weil sie so feste krank ist. Was Nick davon versteht? Wir wissen es nicht, aber es ist dennoch gut, ihn kindgerecht auf das Treffen mit seiner Mama vorzubereiten, ohne ihm Angst zu machen.
Bevor wir losgehen, hole ich Seifenblasen in schmalen Behältern, passend für eine kleine Kinderhand, aus meiner Handtasche. »Sollen wir die Mama mit Seifenblasen überraschen?« Der Junge nickt. Und probiert es schon mal aus. Dann stehen wir in Mamas Zimmer, Nick hat noch die dicke Jacke an. Als Schutzanzug? Vielleicht. Carla erhebt sich mithilfe ihrer Mutter mühevoll aus den Kissen. Nick bleibt bei Papa stehen und guckt zur Mama, danach zur Oma. Dann macht er Seifenblasen. Schüttet dabei die Flüssigkeit im Eifer des Gefechts aus, bekommt den Behälter neu aufgefüllt.

»Lass mich auch mal«, sagt die Mama. Der Junge gibt Carla die Seifenblasen, und die Mama, die doch eigentlich nichts mehr konnte, kann. Sie macht Seifenblasen. Wie schön schillern die denn?

Und dann sitzen sie auf einmal zu dritt im Bett: der Papa, die Mama und dazwischen Nick. Nick zieht sich die Socken aus und puhlt die

Sockenflocken aus den Zwischenräumen der Zehen. Die Mama zuppelt am Reißverschluss seiner Jacke. Und tatsächlich, sie zieht ihn auf. – Das ist das, was ich mit der »letzten Kraft, der letzten Energie von Mamas« meinte. Sie schaffen im Beisein ihrer Kinder oft Dinge, die sie zehn Minuten zuvor, ohne Kind im Zimmer, nicht geschafft hätten.

Ich lege ein Blanko-Memory in Nicks Hände. »Schau, auf die Karten kannst du Sachen malen, die du an der Mama gerne magst. Und der Papa kann etwas malen und die Oma. Und die andere Oma und die Freunde, die Ärztin, die Erzieherinnen aus der Kita. Da kannst du ein ›Mama-Memory‹ machen.«
Nick reißt die Packung wie ein Geschenkpapier auf, die Mama greift nach dem abgerissenen Deckblatt. »Keine Bilder da«, sagt Nick und schaut auf die weißen Memorykarten.
»Ja«, sage ich, »die Bilder, die dürft ihr noch selber malen.« Nick sucht in der Packung weiter, verteilt alle Karten im Bett. »Keine Stifte da«, sagt er dann.
»Stifte haben wir zu Hause«, sagt der Papa. Und dann sitzen sie da. Halten sich, lehnen sich aneinander an. Papa, Mama und Nick.

Und irgendwann schnappt sich die eigentlich kraftlose, aber jetzt starke Mama ihren Jungen und küsst, nein, knutscht ihn.
»Oma! Hilfe! Rette mich!«, ruft der kleine Kerl, und es ist sicht- und hörbar, dass es lustig und so schön aufregend für ihn ist. Ein Spiel. Ein bekanntes Spiel zwischen Mama und ihm. Der Abschiedskuss, von dem er noch nicht weiß, dass es ein Abschiedskuss ist, ist ihm ein Vergnügen.
»Tausend Küsse und noch mehr«, sagt die Mama stockend, und Nick gluckst schon wieder. »Sag das noch mal«, bitte ich Carla, weil ich davon ein Video machen werde, und sie wiederholt es. Und Nick kichert. Kichert so, dass man mitlachen muss.
Dann verabschieden wir uns.

Alex gibt mir auf dem Flur die Telefonnummer vom Kindergarten. Die Erzieherinnen sind dankbar, in dieser Trauersituation Unterstützung im Umgang mit Nick und überhaupt, ja auch für sich selbst, zu bekommen. Solche Erzieherinnen sind ebenfalls Glücksfälle in Pechsituationen.

Wir reden kurz darüber, dass es einen Wert hat, wenn Nick die tote Mama noch einmal sehen kann. Sehen darf. Er wird zwischen »tot sein« und »schlafen« nicht kognitiv unterscheiden können, aber vielleicht etwas fühlen, was wir mit Worten nicht schaffen werden. Und er wird später über Erzählungen, vielleicht über die Bilder, wissen, dass er da war. Dass er mitgenommen und nicht außen vor gelassen wurde.

Am Abend kommen zwei Mails bei mir an. Die Oberärztin schreibt: »Carla ist nicht mehr ansprechbar. Sie ist aber seit dem Abschied ganz ruhig, ganz entspannt. Es war gut, dass Nick mit Alex noch mal bei ihr war.«

Die Oma schreibt: »Nick hat gestern zu Hause allen ganz stolz erzählt, dass er bei der Mama war. Es war die richtige Entscheidung. Carla ist seitdem so entspannt.«

Am frühen Morgen des folgenden Tages erreicht mich die Nachricht aus dem Krankenhaus, dass Carla ganz friedlich gestorben ist. Ich soll dazu kommen, wenn der Papa sich mit Nick noch einmal verabschiedet.

»Die Mama sieht aus, als würde sie schlafen, aber sie schläft nicht, sie ist tot«, sage ich zu dem Jungen. »Tot?«, wiederholt er und man merkt, dass er den Sinn des Wortes nicht versteht.

Bevor wir in Carlas Zimmer gehen, darf sich Nick noch etwas zum Mitnehmen aussuchen, und er wählt etwas Bekanntes vom Vortrag aus: ein Seifenblasenfläschchen. Dann steht er damit am Bett und pustet schillernde kleine Seifenblasen über die tote Mama, die im Bett und Sonnenlicht wunderschön aufgebahrt ist.

Alex sitzt an Carlas Bett, er weint und hält ihre Hand. »Papa?« Und dann drücken sich die beiden, ganz feste, und Nick hört, dass Papa so weint, weil Mama tot ist.
Da klettert er auf ihr Bett, um sie zu wecken. »Mama! Mama? Mama, wach auf. Wach auf!« Er schaut ganz nah in Mamas Gesicht, doch sie wird nicht wach.
Alex versucht zu erklären, was tot ist. Das ist wirklich kompliziert bei kleinen Kindern. Sie können es eher erleben, erfahren und begreifen, so wie Nick es tut. »Schau, die Mama ist gestorben, sie ist ganz kalt.« Nick fühlt. Hebt Mamas Arm hoch und sagt dann zu seinem Papa: »Mama ist gestorben.«
Dann holt er das Gurkenglas, das er mit grünem Transparentpapier und Kleister und einer Kerze zur Laterne umgestaltet hat, und stellt sie auf das Bett. Danach will er nach Hause, um im Garten zu spielen.

Wie schön, dass Nick sich noch einmal verabschieden durfte, seine Mama noch einmal, ein letztes Mal sehen durfte und die »Großen« ihm keine Angst eingeredet haben. Denn warum sollte man sich vor einer toten Mama fürchten?
Auch eine tote Mama ist die Mama.

Geschenke

Mia ist neun Jahre alt, als ihre Mama an einem Vormittag stirbt.
Ich lernte Mia und ihren Papa schon einige Zeit vorher kennen, als ihre Mama mich anrief und um Unterstützung bat. Wir saßen am Bett der Mama, und sie machte es allen in der Schwere so leicht, miteinander zu reden.
Dennoch machte sie sich Sorgen um Mia, weil diese abends, wenn sie im Beistellbett neben ihr einschlief, oft weinte. Ja, Mia durfte und darf weinen, weil es ja auch traurig ist, wenn eine Mama so feste krank ist und sterben wird – etwas, was sich ein neunjähriges Kind irgendwie vorstellen kann und gleichzeitig doch nicht. Dann kann es gut sein, mit Außenstehenden zu reden, Informationen zu bekommen und Fragen stellen zu dürfen.
Wir gestalteten etwas Tröstendes: Die Mutter und Mia konnten mit farbigen Filzstiften jeweils auf ein großes Pflaster tröstende Dinge malen und schreiben, um das Heftpflaster in ein Trostpflaster zu »verwandeln«. Am nächsten Morgen schrieb mir Mias Vater, dass Mia zum ersten Mal ohne Tränen eingeschlafen sei.
Wir sahen wir uns immer mal wieder, und dann kam an einem Mittag der Anruf vom Vater, dass seine Frau verstorben sei. Mia hatte die beiden Nächte davor bei ihrer Freundin Ina geschlafen. Die Eltern der Schulfreundin waren an diesen zwei Abenden mit den Mädchen zu Mia nach Hause gefahren, um der Mama gute Nacht zu sagen. Was ist das für ein Glück, so gute Freundesfamilien zu haben!
Als ich mittags in der Familie ankam, saß Mia auf Mamas Bettkante und weinte. Auf dem Nachttisch brannte eine Kerze, und es war so viel Nähe da.
Ihre Freundin Ina saß still mit ihren Eltern auf der Couch im Wohnzimmer. Mia kam dazu, mit roten Wangen – Trauer ist so anstrengend und ermüdend. Und dann saßen die Mädchen am Esstisch und bemalten Grabkerzen mit Eddingstiften. Und sie malten auch »Geheimbotschaften« in den goldenen Deckel hinein. Dann gingen wir zur Mama ins Zimmer, und die Freundinnen

stellten die Kerzen auf den Nachttisch. Drehten sie noch einmal, sodass sie schön zu sehen waren.
Mia streichelte der Mama über das Gesicht. Wir sprachen über die Veränderung, dass, wenn das Blut nicht mehr fließt, ein toter Menschen, auch die Mama, immer kälter wird. So kalt wie … ich schaute umher … so kalt wie der Rahmen des Metallbetts. Alle fühlten. »Ah, so kalt.« Und dann fühlte Mia noch mal bei beiden nach, bei Mama und am Bettrahmen. »Aber jetzt ist die Mama noch ein bisschen wärmer als das Bett«, sagte sie. Ohne Angst.

Wir überlegten weiter: Wenn die Mama abends vom Bestatter abgeholt wird, kann man ihr etwas mitgeben? Ein Kissen? Oder …? Die Mädchen überlegen. »Mama hatte den Garten so gern.« »Wollt ihr eure Jacken anziehen und draußen schauen, ob etwas blüht oder schon grün gewachsen ist?« »Da blüht, glaube ich, noch nichts. Aber wir gucken mal.« Und dann gingen sie raus und kamen erst nach einer ganzen Weile wieder. Sie hatten eine Osterglocke gefunden und sie mit Zweigen zu einem hübschen kleinen Blumenstrauß gebunden. Außer der Blume und den Zweigen hatten sie auch einen Stein gefunden. Sie wuschen sich die erdbeschmierten Finger und malten ihn gemeinsam bunt an. Dann ging es wieder zur Mama. Jetzt wurden die Geschenke auf der Bettdecke arrangiert. Ina ging zu ihren Eltern ins Wohnzimmer, Mias Papa kam ins Schlafzimmer und nahm sein Kind in den Arm. Sie redeten, weinten ein bisschen, drückten sich, und sie taten sich und den anderen gut. Das hätte der Mama bestimmt gefallen. Oder, hat es ihr gefallen? Irgendwie war sie ja noch mit dabei – ein Geschenk in aller Traurigkeit.

Prioritäten

Carls Papa hat sich erschossen. Davor hat er seinem sechsjährigen Sohn einen Abschiedsbrief geschrieben. Lisa, Carls Mutter, ist sich unsicher, ob sie ihrem Sohn den Brief jetzt schon vorlesen soll oder ob es für ihn nicht zu belastend ist zu wissen, dass der Papa ihm einen Abschiedsbrief geschrieben hat. Gemeinsam mit mir wägt sie Für und Wider ab und entschließt sich dann, am Abend mit Carl darüber zu sprechen.

Einige Tage später sitzt sie nach der Trauergruppe neben mir. Irritiert, traurig, lachend, fassungslos, fragend …

»Weißt du, Mechthild«, sagt sie, »da sage ich zu Carl: ›Papa hat einen Abschiedsbrief für dich geschrieben. Darin wollte er dir noch mal Tschüss sagen, dir erklären, warum er sich tot gemacht hat, und dir noch was Wichtiges sagen.‘ Und weißt du was? Ich denke, mein Kind weint gleich … aber da strahlt der kleine Kerl mich an und sagt verschwörerisch: ›Ein Brief nur für mich? Dann hat Papa mir sicher das Passwort für das iPad und das Handy aufgeschrieben.‹«

Dann erzählt sie noch, dass sich in der Schule ein kleiner Kumpel bei Carl erkundigt hat, wie der Vater sich denn das Leben genommen habe und was es denn für eine Waffe gewesen sei, mit der der Vater sich erschossen habe.

Lisa muss einerseits schmunzeln über die Reaktionen der beiden Kinder, andererseits ist sie sehr irritiert. Fühlt ihr Sohn denn gar keine Traurigkeit? Ist er tatsächlich etwa stolz darauf, dass der Papa so »besonders« durch eine Waffe gestorben ist, die Jungs in seinem Alter mit Stärke und Coolness verbinden? Stört es ihn nicht, dass der Vater sich das Leben genommen hat?

Ja, tatsächlich ticken Sechsjährige nicht selten so. Ich erkläre, dass Carl das Ausmaß des Todes nicht bewusst ist, sondern dass er zurzeit nur versteht, dass Papa tot ist, was so viel wie »weg« bedeutet. Die Mama ist noch da, auch die Wohnung, Essen und Trinken, die Schule und alles Weitere, was er für sein Leben und die Sicherheit benötigt. Für immer tot, dass das »ewig« bedeutet, das ist ihm nicht klar. Im Augenblick fühlt und bedenkt er das, was er versteht, und das ist grade tatsächlich mehr aufregend als traurig. Während unseres Gesprächs müssen Lisa und ich beide ab und zu lachen, obwohl das alles nicht lustig, aber doch etwas skurril ist. Wir lachen mit Tränen in den Augen.

Auf dem Nachhauseweg musste ich noch eine Weile darüber nachdenken. Sie haben mich angerührt, das sachliche und aufgeregte Kind und ebenfalls die aufgewühlte Mama. Es ist gut, dass sie im ehrlichen Gespräch miteinander sind und die Mutter sich erkundigt, wie sie ihr Kind unterstützen und an manchen Stellen neu verstehen lernen kann. Und ganz sicher braucht sie auch noch Mut im veränderten Lebensalltag, denn auch in der Gesellschaft werden ihr unverständliche Reaktionen auf den Tod ihres Mannes begegnen. Hier wünsche ich ihr und allen anderen Angehörigen nach Suizid, dass sie Menschen an der Seite haben, die auch zwischen Groß und Groß Erklärungen und Verständnis vermitteln können.

Psychohygiene

Toni ist elf Jahre alt, als ihr Papa überraschend stirbt. Als ich sie in ihrem Kinderzimmer besuche, sehe ich einen ungewöhnlichen Kissenbezug. Ich frage Toni, was es damit auf sich hat. Sie erzählt:
»Ich habe dem Papa früher immer die T-Shirts aus dem Schrank geklaut und sie angezogen, weil ich das so cool fand. Und als Papa gestorben ist, ist Mama in den Keller runter gegangen und hat mir aus dem Wäschekorb ein ungewaschenes T-Shirt von Papa geholt. Das habe ich bis heute, und ich habe Mama verboten, es zu waschen. Das ist so das heilige T-Shirt bei mir. Als ich einmal abends ins Bett bin, habe ich das T-Shirt in voller Breite auf mein Kopfkissen gelegt, und dann hatte ich auf einmal eine noch bessere Idee: Ich habe es voll über das ganze Kissen gezogen.«
Und während sie das sagt, nimmt sie das Kissen in den Arm und drückt es, und es sieht aus, als würde sie Papa umarmen. Für mich sieht es so aus, und für sie fühlt es sich tatsächlich ein wenig so an. Was hat Toni mit ihrer Mama ein Glück gehabt, die geistesgegenwärtig so reagiert hat und ihrer Tochter das T-Shirt gegeben und ihr damit ein Papa-Gefühl nahegebracht hat. Und wenn jemand nun anmerkt, das sei aber nicht hygienisch, dann kann ich nur antworten: Für die Psycho-Hygiene ist es umso wertvoller.

»Ich wünschte, du würdest sterben …«

»Ach, Timmi, ich wünschte, du würdest sterben.« – Und dann starb der achtjährige Tim, der jeden Tag so viele Krampfanfälle erleben musste, dass nicht nur er, sondern die ganze Familie darunter litt. Seine Schwester Lea hatte ihm das Sterben und damit eigentlich Erlösung gewünscht, aber doch nicht den Tod. Eigentlich nicht.

Und dann war Tim tot. »Und ich hatte es ihm gewünscht, oder …?«, waren Leas Gedanken, über die sie vorerst mit niemandem sprach. Es fühlte sich so verboten, verkehrt, so falsch an, in Kopf und Herz und Bauch.

»Wann stirbt sie denn endlich?«, denken die Tochter, der Sohn und vielleicht auch der Ehemann, die nun zum fünften Mal schlaflos die Nacht am Krankenbett verbringen, weil die Ärzt:innen Alarm gegeben haben, die Patientin würde jetzt sterben – und wieder »nichts«. Die Kraft der Angehörigen geht zu Ende, und dann ist da oft der Wunsch nach Erlösung. In der Kraftlosigkeit und in der Not des Mitleidens so harsch formuliert.

Wisst ihr, so viele junge und ältere Menschen kommen auch zur Trauerbegleitung, weil ihr schlechtes Gewissen sie plagt: Sie haben das Gefühl, sie hätten mit ihrem Denken dazu beigetragen, dass der doch eigentlich geliebte Mensch gestorben ist.

Ja, wir wissen, das ist magisches Denken. Denn natürlich können wir durch Gedanken niemanden sterben lassen. Und dennoch quält viele das Gefühl, und wir merken in der Familientrauerbegleitung, wie gut es vielen tut zu hören, dass auch andere diesen Gedanken hatten und dennoch liebevolle Menschen sind.

Nicht helfen zu können, ist so schwer zu ertragen. Meist sind wir ja auch zum ersten Mal in dieser Situation und dazu noch erschöpft und ängstlich. Einem geliebten Menschen dann zu wünschen, dass er sterben kann, bedeutet in diesem Zusammenhang deshalb nicht: »Ich will, dass du stirbst!«, sondern eher: »Ich wünsche dir und uns ein Ende des Elends, ein Ende der Qual.« Es ist der Wunsch nach einem guten Übergang, sowohl für den Menschen, der stirbt, als auch für die, die zurückbleiben.

Der Tannenzweig

Mark ist 26 Jahre alt und sterbenskrank. Ich treffe seine Eltern in der Cafeteria des Krankenhauses, ihr Sohn liegt auf der Intensivstation. Es ist eine Woche vor Heiligabend.

»Wir wissen gar nicht, ob und wie wir Weihnachten feiern sollen«, sagt die Mutter. »Und ob Mark dann noch lebt«, ergänzt der Vater und schaut seine Frau an.

Beiden kommen immer wieder die Tränen, es ist alles so schwer, so traurig und so anstrengend in dieser Zeit des Wartens auf das Sterben.

»Wisst ihr, es gibt diesen Brauch aus der Familie von Dietrich Bonhoeffer, dass man auf das Grab eines Verstorbenen einen Zweig legt, den man mitten aus dem Christbaum geschnitten hat«, sage ich – mit dem Wissen, dass ich bei diesem Ehepaar so reden kann. »So lässt man den Verstorbenen symbolisch am Weihnachtsfest teilnehmen, während zu Hause im Baum eine Lücke zu sehen ist.«

»Unser Baum hat jetzt schon so etwas wie eine Lücke, wo Mark doch hier im Krankenhaus und nicht mehr zu Hause ist«, sagt die Mutter.

»Genau«, stimme ich zu. »Deshalb kam mir die Idee, dass ihr Mark einen Zweig ins Krankenhaus bringen könntet. So ein Ritual kann man ja abwandeln, es kann ja auch für kranke Menschen genutzt werden.«

»Aber, es wird nicht gehen, der Zweig ist ja nicht steril«, fällt der Mutter ein.

»Stellt ihn doch in einer Vase zu den Schwestern und Pflegern auf die Theke, dann ist er immerhin auf der gleichen Etage«, überlege ich.

Der Vater schüttelt den Kopf, auch das fühlt sich nicht richtig für ihn an.

Er denkt weiter nach und dann kommt ihm eine Idee: »Wir laminieren ihm den Tannenzweig ein! Dann kann dieser Teil unseres Weihnachtsbaums auf seinem Zimmer neben dem Bett liegen.«

Was für eine gute Idee! Noch am selben Abend schickt mir die Mutter ein Foto vom »Intensivstation-Tannenzweig«.

Ich wünsche allen Menschen in schweren Zeiten, dass sie wie Marks Eltern hin und wieder die Kraft finden, in scheinbar aussichtslosen Situationen nach Möglichkeiten zu suchen, um den großen Schmerz auszuhalten und um so gut wie möglich weiterzuleben. Und ich wünsche uns allen, ob trauernd oder nicht, dass wir Menschen an unserer Seite haben, die uns auf gute Gedanken bringen.

Tröstlich

Seit zwölf Jahren lebt Nero, unser rumänischer Hund, bei uns in der Familie. Er ist im Laufe der Zeit vom Straßenhund zum Familientrauerbegleitungshund geworden. Unsere Familie liebt ihn, die LAVIA-Familien und Seminarteilnehmer:innen mögen ihn.
Als ich sieben Tage auf Lehrgängen in Bayern und in der Schweiz unterwegs bin, darf Nero sowohl in den Hotels wie auch in den Seminarräumen dabei sein. Am letzten Tag halte ich auf einem großen internationalen Kongress den Schlussvortrag. Hunde jedoch sind am Veranstaltungsort verboten, und zum ersten Mal in zwölf Jahren melde ich unseren Hund auf einem Tierpflegehof für eine Übernachtung an.

Wir erreichen den Hof, der wunderschön in der Schweizer Landschaft eingebettet ist. Hundegebell ist zu hören, eine Katze streift über den Parkplatz. Nero schnuppert interessiert hier und da. Eine Tierpflegerin geht mit uns zu Neros Gehege, wo er einen guten Auslauf hat. Sie lässt ihn hinein und schließt ab, später am Abend wird Nero ins Haus kommen, wo er wettergeschützt schlafen kann. Mein Hund läuft ein bisschen hier rum und dort rum, doch dann stellt er sich vor die Gehegetür und wartet, dass ich ihn wieder rauslasse und mitnehme. »Tschüss, Nero«, sage ich zu ihm. »Morgen hole ich dich hier wieder ab.«
Er legt den Kopf schief, guckt mich an, bewegt sich nicht von der Stelle und wartet.
»Am besten sie gehen jetzt ohne großen Aufwand«, sagt die Tierpflegerin ganz nett zu mir.
»Aber wie er dasteht und wartet, dass ich ihn mitnehme …«, sage ich wehmütig.
Ich verstehe ja, was sie meint, aber trotzdem …
»Alles ist gut«, sagt die Tierpflegerin. »Es spricht doch für eine gute Beziehung zwischen ihnen beiden. Wenn der Hund ihnen gar nicht nachschauen würde, wenn er gar nicht bedauern würde, dass sie weggehen, das wäre doch schade. So ist es gut.«

Oje. Ich verstehe, was sie meint. Wie wertvoll, wenn auch kleine Abschiede berühren. Sie machen doch deutlich, dass natürlich auch dort Liebe, Wertschätzung und Beziehung ist.
Es sind auch meine Worte, die ich Trauernden sage: Wie gut, wenn es Wehmut gibt. Wie wertvoll, dass um Mütter, um Väter, um Kinder, um liebe Menschen grundsätzlich, um Tiere, Orte, Lebensabschnitte, Partnerschaften, Dinge geweint und getrauert wird, wenn es einen Tod, eine lange oder eine endgültige Trennung gibt.
Aber ich spüre auch, wie so manchmal im Leben: So etwas über den Abschied zu wissen, zu denken und zu sagen, ist etwas anderes, als es in dem Moment zu spüren.

Diese eigenen kleinen und großen Erfahrungen lehren mich, empfindsamer im Umgang mit trauernden Menschen zu sein. »Leichter gesagt als getan«, sage ich zur Tierpflegerin und wische mir eine Träne weg. Im Auto auf dem Rückweg gehen mir ihre Worte nach, und ich denke: Mein Hund Nero ist ja noch nicht einmal gestorben. Er ist nur für eine Nacht in einer Tierpension. Eine Kleinigkeit im Vergleich zum Tod eines lieben Menschen. Und dennoch tut es gut, dass die Tierpflegerin den Anflug von Abschiedsschmerz bei einem Tier nicht kleinredet, sondern liebevoll und sachlich benennt, wie es ist.
Sie hätte gar nichts Tröstlicheres sagen können.

Wir haben die Wahl

Die Mutter des 13-jährigen Lukas und der zehnjährigen Jette ruft mich an und fragt nach Unterstützung für ihre Kinder nach dem Tod der Oma. Beide möchten die Oma noch einmal sehen, und diese Bitte verunsichert die Eltern. »Ob die das so jung schon können?«, fragt mich die Mutter. Sie und ihr Mann haben bisher noch nie jemanden tot gesehen. Sie fragt mich nach meinen Erfahrungen.

Ich erkläre, dass ein Abschiednehmen am Sarg Ausdruck der Wertschätzung für den verstorbenen Menschen sein kann. Die logische Entwicklung ist ja so: Es gibt die gesunde Oma, dann die ältere, kranke Oma, die tote Oma und schlussendlich die Beerdigung. Jetzt die tote Mutter, Schwiegermutter und Oma auszuklammern, bedeutet auch, einen Blackout zu verursachen. Denn dann wird die Oma beerdigt, die in Erinnerung noch lebt, und man konnte sich nicht mit eigenen Augen überzeugen, dass sie wirklich gestorben ist.

Es ist doch jederzeit die Mutter, die Oma, die geliebt wird, nur jeweils in einer anderen Verfassung.

Ich benenne, dass die Kinder bestimmt eine gute Entscheidung für sich getroffen haben, wenn sie sagen, dass sie die Oma noch einmal besuchen wollen, und es dadurch möglicherweise auch den Eltern erleichtern, diesen Schritt mitzugehen. Die Mutter stimmt zu. Sie hat mittlerweile den Telefonhörer auf »laut« gestellt, sodass auch ihr Mann mithören kann. Auch er willigt ein, möchte zudem seine Schwester fragen, ob sie zur Verabschiedung der Mutter mitkommen möchte.

Wir verabreden, dass ich mitkomme ins Bestattungshaus, und die Eltern finden den Gedanken gut, den Sarg mit farbigen Handabdrücken zu gestalten. »So was hätte Mutter gefallen«, höre ich aus dem Hintergrund. Ich erkläre, dass es in einer traurigen Situation helfen kann, aktiv zu sein, um nicht von einer Fassungslosigkeit überwältigt zu werden. Das eigene Tun gibt der Lage einen eigenen Rahmen, es macht handlungsfähig und kann im Rückblick eine gute Ressource sein: »Es war so traurig, als Oma tot war, aber es war so schön, dass wir noch einmal alle bei ihr waren und ihren Sarg schön gemacht haben.«

Am folgenden Tag treffe ich Lukas und Jette mit ihren Eltern am Bestattungsinstitut. Die Schwester des Vaters ist nicht mitgekommen: »Sie kann das nicht«, sagt der Vater, die Mutter nickt dazu. Der Bestatter geht mit uns bis zur Tür des Aufbahrungsraumes und zieht sich dann zurück. Wir bleiben erst einmal in der geöffneten Tür stehen. Es ist leise Musik zu hören, zwei Kerzen tauchen den Raum in warmes Licht. Die Oma liegt friedlich, mit einer hellblauen Strickdecke zugedeckt, in einem Sarg aus hellem Holz. »Sie hat ja ihre Oma-Kuscheldecke dabei«, flüstert Jette. Lukas ist ganz still, er lehnt sich an den Vater an. Der Mutter fließen Tränen aus den Augen. »Ach, Oma …«, sagt sie. Jette schaut die Mutter an, und ich sage: »Mama muss weinen, weil sie traurig ist, dass eure Oma tot ist.« Jette nickt und nimmt tröstend Mamas Hand. »Sieht eure Oma verändert aus?«, frage ich. Alle schütteln den Kopf und gehen weiter in den Raum hinein. »Aber irgendwie anders«, sagt Lukas. Und dann sprechen wir darüber, dass in Omas Körper auch das Leben, die Lebensenergie fehlt. Fröhlich oder traurig, gesund oder krank, mit Kraft oder kraftlos oder eben ganz ohne Lebensenergie sieht ein Mensch immer anders aus.
Wo die Energie und Omas Seele jetzt wohl sind? Und sind Seele und Energie das Gleiche? Über diese Fragen laut nachzudenken, erleichtert der Familie das Dasein am Sarg.
Während ich erkläre, dass der tote Körper nach einer Weile sehr kalt wird, vielleicht so kalt, wie eine Glasflasche Mineralwasser aus dem Kühlschrank, berührt Lukas die Hände seiner Oma, zieht seine Hände schnell wieder zurück, legt sie dann aber wieder auf Omas Hände.
»Kann ich sie wirklich nicht warm machen?«, fragt er mich. Ich schüttle den Kopf. Nein, ein verstorbener Körper leitet nicht so gut. Das möchte Jette auch fühlen, und sie streichelt Oma zärtlich. Beide Kinder sind so offenherzig und ganz ohne Berührungsängste, dass nun auch die Eltern der Oma »Hallo« sagen und sie berühren.

Ich frage, was die Oma so besonders gemacht hat, um die letzte Spannung aus dem Raum zu nehmen. Und dann erzählt die Familie liebevoll von ihr, und es wird immer mehr gelacht, weil dabei auch amüsante Dinge zur Sprache kommen.
»Ich möchte der Oma auch etwas auf den Sarg schreiben«, sagt Jette, und natürlich ist das möglich. »Oma, ich habe dich lieb« ist da zu lesen, und während sie noch ein großes Herz dazu malt, pinselt sich Lukas blaue Farbe auf die rechte Hand, um einen Abdruck auf Omas Sarg zu hinterlassen. Alle drucken, malen und schreiben. Die Atmosphäre im Raum ist entspannt. Der Oma hätte es bestimmt gefallen. Oder gefällt es ihr? Ja, die Familie ist überzeugt, dass Oma noch irgendwie anwesend ist.

Dann steht nach einer Weile der Abschied an, und ich sage, dass es wertvoll sein kann, wenn alle, die mögen, noch einmal einzeln bei Oma im Raum bleiben, um ihr vielleicht noch einmal ganz persönlich etwas zu sagen. Auch hier reagieren die Kinder als erste. Ja, das möchten sie so haben, alle sollen rausgehen. Jette möchte zuerst mit Oma sein. »Soll die Tür aufbleiben?«, frage ich. »Nein«, Jette möchte sie geschlossen haben, Lukas später lässt sie angelehnt. Auch die Eltern verabschieden sich noch einmal einzeln von der Mutter und Schwiegermutter.
Es wird bei jedem so deutlich, wie intensiv berührend und vielleicht einzigartig dieser letzte Moment war. Viele Leute sagen anschließend: »So nahe war ich diesem Menschen noch nie. Danke für die Ermutigung.«

Als der Vater draußen wartet, während seine Frau am Sarg steht, sagt er zu mir: »Schade, dass meine Schwester nicht mitgekommen ist. Aber sie kann so etwas nicht.«
»Ja, schade ist das, weil sie nicht miterleben konnte, wie intensiv und traurig schön der letzte Moment mit der verstorbenen Mutter hätte sein können. Ich bin mir sicher, dass sie es gekonnt hätte, aber sie hat es sich nicht zugetraut.«

So oft sagt man »Ich kann das nicht«, und alle nicken verständnisvoll. Aber eigentlich müsste es oft heißen: »Ich möchte das nicht.« Für einen Besuch am Krankenbett, am Sarg oder Grab muss man nicht zum Opfer werden, indem man sich selbst ein Können abspricht. Wir sind verantwortlich für unser Tun und können deshalb sagen: »Ich könnte es tun, aber ich möchte es nicht.« Und vielleicht bringt dieser Satz, der eine Wahl deutlich macht, auch einen selbst dazu, die getroffene Entscheidung zu überdenken.

Wie Leo und Johan den Tod austricksen

Und andere Geschichten von mutig Trauernden

Den Tod ausgetrickst

Der Uropa ist gestorben. Seine beiden Engel, zwei Jungs, mochten ihn sehr. Ich unterhalte mich mit den beiden über den Uropa, die Traurigkeit und den Tod. Sie mögen es, dass ich ihnen Fragen stelle, die sie mit ihrem Wissen oder ihrer Fantasie beantworten.

Wie tief ist das Loch, in das der Sarg reinkommt?

Ist Einschlafen und Sterben das Gleiche?

Wird man in der Erde von Würmern angeknabbert? (Nein, wird man nicht.)

Der eine Urenkel ist fünf, der andere sieben Jahre alt. Sie sind interessiert, sachlich, etwas betrübt, aber auch mit einer großen Portion Humor gesegnet.

»Noch eine Frage!«, bittet mich Johan, der Siebenjährige.

Ich sage: »In meinem Bilderbuch steht die Frage: ‚Geht Sterben wieder vorbei?'«

»Nee«, sagt der Siebenjährige cool. Er rümpft die Nase und sagt: »Das Leben ist ja nicht wie ein Computerspiel, wo man drei Leben hat.«

Da sagt in die Stille hinein der fünfjährige Leo ernsthaft: »Außer ich. Ich habe drei Leben. Ich heiße Leo Tim Simon!« – Simon ist sein Nachname.

Was hat er doch ein Glück und Gottvertrauen, zumindest in der Welt eines Fünfjährigen. Und jetzt freuen sich beide Jungs. Über den Segen, dass beide einen Doppelnamen und zudem einen Nachnamen haben, der auch ein Rufname sein könnte.

Es fühlt sich für sie an, als hätten sie den Tod ausgetrickst. Drei Leben, wie krass ist das? Und ich muss mitlachen. Ich glaube, dem Uropa hätte die Situation gefallen. Irgendwoher müssen die Jungs ja den Schalk herhaben.

Ein starker Typ!

Der Vater des elfjährigen Jonas ist gestorben. Zu einem unserer Gespräche bringe ich einen Rettungsring mit und frage den Jungen: »Was hilft dir dabei, in schweren Zeiten nicht unterzugehen?«
Jonas denkt nach: »Freunde.«
Und weiter: »Meine Mutter.« Dann stutzt er, überlegt weiter, grinst und sagt: »Eigentlich komisch, aber bei Trauer hilft mir die Trauer – und trauern. Ich dachte ja erst: PlayStation, aber das ist ja auch nur unterdrücken.«
Ich erzähle ihm, dass wir letztens in einem Seminar für Psycholog:innen darüber sprachen, dass »trauern können« eine Ressource und eine Fähigkeit ist, um Trauer zu überwinden.
Dass allerdings auch »verdrängen« eine Fähigkeit ist, die wir einsetzen dürfen. Nur nicht ständig. Also, nicht ständig trauern und auch nicht ständig verdrängen. Am besten mischen. Fühlen, denken, handeln und verdrängen.
Wer am Abend sagen kann: »Die vier Dinge habe ich heute alle erledigt!«, der hatte wahrscheinlich einen einigermaßen »gesunden« Tag, auch wenn es ein schwerer war.
Jonas hat in sich reingespürt, nachgedacht und es dann genauso formuliert. Ohne Seminar – aber mit Trauerbegleitung.
Er ist elf Jahre alt.
Erst elf, schon elf.
Ein starker Typ!
Als wir unten bei seiner Mutter in der Küche stehen und ihr erzählen, worüber wir gesprochen haben, fügt er noch hinzu: »Ohne Trauer wäre das Leben eigentlich richtig kalt.«

Trotzdem sicher

Nora nimmt mit ihrer Mutter und dem kleinen Bruder Paul an einem Wochenende für verwitwete junge Familien teil. Sie läuft immer mit ihrem Stofftier und einer kleinen Filzhandtasche durch die Gegend – das ist ihr Markenzeichen, neben ihrer Liebenswürdigkeit. Dieses siebenjährige, eher stille Mädchen strahlt ganz viel Liebe und Herzlichkeit aus.

Beim Mittagessen sagt sie zur Mama: »Du, Mama, mir tut der Matthes so leid.«

»Warum?«, fragt Karin, die Mama.

»Ja, weil er noch so klein ist und sein Papa schon tot ist.«

Karin ist irritiert: »Aber dein Papa ist auch tot, und Paul, dein Bruder, ist noch kleiner als Matthes.«

Und Nora guckt die Mama lieb an, zieht die Schultern hoch und sagt: »Aber das mit dem Matthes ist doch trotzdem irgendwie so ganz feste traurig.«

Ich stehe mit Karin auf dem Flur und wir sprechen darüber.

»Was ist Nora für ein kleines empathisches Mädchen«, sage ich. »Und guck, wie sie sich mit Paul in eurem Verlust bei dir sicher und geborgen fühlt.«

Und mit dem Blick »von außen« auf Matthes erkennt sie, was ihm fehlt: der Papa. Und sie spürt, wie traurig das ist.

Wenn wir selbst betroffen sind, ist uns oft nicht so bewusst, welches Leid wir gerade tragen. Aber wenn unsere Wunden Trost erhalten und heilen dürfen, sind wir berührbarer für das Leid anderer.

Wisst ihr, wie ich das meine? Diese kleine siebenjährige Nora mit ihrem Stoffhund und der kleinen Filztasche, die kleine Nora mit dem toten Papa, sie hat erfahren, wie sich Verlust und Trauer anfühlen und wie sich die Sicherheit bei der Mama, die ja selbst trauert, in der großen Verlassenheit anfühlt.

Ja, ich zolle allen alleinerziehenden Mamas und Papas der Welt Respekt, die Liebe auch in schweren Zeiten weitergeben können. Eure Kinder werden euch als Vorbild erleben.

Raus mit dem Rotz

Kennt ihr fauliges Blumenwasser? Also das Wasser in einer Blumenvase, das so übel riecht, weil es nicht ausgewechselt wurde?
Ich glaube, dass mit Menschen, die Tränenwasser in sich ansammeln und partout nicht rauslassen, Ähnliches geschieht wie mit Blumenwasser, das nicht erneuert wird. Sie werden erst muffelig, dann stinkig.
Manche mögen sich selbst nicht mehr riechen, und auch das stärkste Parfum oder Aftershave kann nicht mehr »dagegen anstinken«. Und dann kann es geschehen, dass auch andere uns »nicht mehr riechen« können. Weil der Eigen- oder der zu stark aufgelegte Fremdgeruch unangenehm sind.
Oh, wie ärgerlich wäre das denn?
»Ja, was hilft denn dagegen?«, wurde ich bei einem Vortrag gefragt. Die Antwort ist ganz einfach: »Weinen. Raus mit dem ganzen Rotz.«
Ich möchte mit dem Vergleich niemanden verletzen oder mich lustig machen über Menschen, die nicht weinen. Es geht mir darum, Mut zu machen, die Trauer – ob mit oder ohne Tränen – rauszulassen.
Du glaubst, das kannst du nicht? Doch, du kannst es, glaub mir. Jede und jeder konnte es und wird es eines Tages wieder können. Vielleicht klappt es mit einem traurigen Film, mit Musik …
Oder was könnte dich zu Tränen rühren?

Gekrönt

Worin ähneln sich Prinz Harry von England und Jungen wie Cedric, Bastian, Mustafa, Silas, Tarek oder Iwan aus anderen Ländern? Richtig! In ihren Trauerreaktionen nach dem Tod der Mutter. Wie gut, dass Prinz Harry inzwischen, viele Jahre nach dem Unfalltod seiner Mutter Diana, seine Trauer zulässt und öffentlich darüber spricht.

In einer öffentlichen Presseerklärung im April 2017 berichtete der damals 32-jährige Prinz, dass er nach dem Tod der Mutter 16 Jahre lang keine Trauergefühle zugelassen habe. Zum Zeitpunkt des tödlichen Unfalls war er zwölf Jahre alt. Erst mit 28 Jahren nahm er professionelle Hilfe an, nachdem sein Bruder, Prinz William, ihn dazu gedrängt hatte.

Auch zur Familientrauerbegleitung kommen die meisten Jugendlichen nicht aus eigenem Wunsch. Fast alle brauchen Eltern oder andere Bezugspersonen, die ihnen Mut machen, einen Anstoß geben und sie zum ersten Gespräch begleiten. Die Aussage: »Mein Kind wird das schon selbst wissen«, halte ich deshalb eher für fahrlässig. Denn woher sollen Kinder und Jugendliche dieses Wissen haben, wenn sie zum ersten Mal erleben, dass ein naher Mensch verstirbt? Selbst die meisten Erwachsenen fühlen sich dabei unwissend.

Prinz Harry sagt, er habe die Taktik verfolgt: »Wenn ich an meine Mutter denke, macht es mich nur traurig. Lebendig wird sie davon auch nicht. Also versuche ich, nicht an sie zu denken.« Diese Haltung erlebe ich häufig bei Jungen und Männern. (Sie kommt aber auch bei Mädchen und selbst bei Eltern vor, die damit ihre Kinder schützen möchten.)

In manchen Familien werden sämtliche Fotos entfernt und alle Themen gemieden, die an den verstorbenen Menschen oder an den Tod allgemein erinnern. »Aus den Augen, aus dem Sinn« ist die Devise, manche sagen auch: »Augen zu und durch«. Diese Durchhalteparolen verwehren Menschen gesunde Gefühle und sind eher kontraproduktiv, wenn es darum geht, eine Krise zu bewältigen. Trauer zu verneinen, erfordert eine große Kraftanstrengung, weil

die Vergangenheit und der damit einhergehende Verlustschmerz immer wieder unterdrückt werden müssen.
Prinz Harry berichtet, dass er merkte, dass mit ihm etwas nicht stimmte, aber er wusste nicht, was es war. Wie sollten er oder andere Jungen auch wissen, was los ist, wenn man ihnen doch Wahrnehmungsstörungen anerzogen hat?

Trauer ist ein gesundes Gefühl, das aktiviert wird, um den Schmerz zu lindern. Wenn jedoch insbesondere Jungen von klein auf lernen, dass Trauer ein Fehler ist, und gelobt werden, wenn sie diese nicht zeigen, dann kämpfen sie gegen ihr gesundes, natürliches Gefühl an und entwickeln Störungen. Und, ganz ehrlich: Wie beschränkt ist eine Gesellschaft, die Kinder dazu erzieht, nicht traurig zu sein? Wissen ihr noch, wie der jugendliche Prinz Harry durch extremes Verhalten auffiel?
Alles auf die Pubertät zu schieben, wäre zu einfach. Viele Jugendliche, die aufgrund von Scheidung, Tod, Liebeskummer oder anderen Verlusten Trauer erlebt und keine Hilfe oder Akzeptanz in dieser Zeit erhalten haben (wieder hauptsächlich Jungen), rauchen, trinken, kiffen und entwickeln ein Aggressionspotenzial. Nicht wenige bekommen Panikattacken oder später als Erwachsene ein Burnout-Syndrom. Mädchen neigen manchmal dazu, ihren Druck mit Ritzen zu entladen, wenn sie nicht gelernt haben, welche Strategien hilfreich sein können.
Manchmal wirkt es so, als hätten diese Jugendlichen »null Bock« auf etwas. Sie sind jedoch selten untätig oder faul, sie investieren einfach nur ganz viel Lebensenergie, um den Verlustschmerz und Druck aushalten zu können. Und diese Energie fehlt ihnen dann an anderer Stelle.
Prinz Harry betonte im Interview, dass zu schweigen alles noch viel schlimmer mache, für einen selbst und die anderen drum herum. Er sei sogar in den Krieg gezogen, aber auch das habe ihm den Druck nicht genommen. Nun habe er angefangen, in einer Gruppe über seine Gefühle zu sprechen, und er merke, wie gut das tut und dass es weniger anstrengend ist, als immer gegen die Trauer anzukämpfen.

Wie mutig ist es von dem Prinzen, so offen über seine Gefühle zu sprechen. Unsere Gesellschaft benötigt Vorbilder wie ihn, damit junge Menschen eine Orientierung für schwere Zeiten erhalten.

In einer Kindertrauergruppe zeigten wir den Jungen und Mädchen Fotos von Prinz Harry und erzählten seine Geschichte. Sie sahen Harry als Baby und als Schulkind. Dann zeigten wir ein Foto des Unfallautos seiner Mutter. Bei den Beerdigungsbildern und späteren Schulkind-Fotos konnte man Harry als einen Jungen erkennen, der diszipliniert und nie traurig wirkte. Dann sahen die Kinder Bilder von den Eskapaden, von denen der Prinz im Interview auch erzählte. Viele Freundinnen, viele Partys ... bis hin zu einem unscharfen Foto, auf dem Prinz Harry mit Freunden alkoholisiert und nackt in einem Schwimmbad zu sehen war – ein Skandal für einen »Royal«.

Alle Kinder erhielten im Anschluss eine Papierkrone, auf die sie mit goldenen Stiften schreiben und malen konnten, was sie selbst schon in der Trauer gelernt haben. Dahinter stand die Idee, dass ich nur dann, wenn ich mich meiner Trauer nicht schäme und stolz auf Dinge sein kann, die ich schon geschafft habe, Haltung bewahre und den Kopf nicht vor Scham hängen lasse.

Alle Kinder gingen stolz und hocherhobenen Hauptes mit der Krone auf dem Kopf nach Hause, niemand schämte sich vor den anderen, eigene Trauergefühle zuzugeben. Warum auch?

Am folgenden Tag rief mich die Mutter des achtjährigen Moritz an und erzählte, dass er ihr fasziniert von Anfang bis Ende die Prinzengeschichte erzählt habe. Und er habe mit den Worten geendet: »Mama! Ich werde für immer in die Kindertrauergruppe gehen, weil ... weil ... weil ich will niemals nackig schwimmen gehe.«

Glück im Unglück

Als die 85-jährige Mutter einer Kollegin verstarb, erzählt diese in der Kindergruppe davon. Alle Jungen und Mädchen im Alter zwischen acht und neun Jahren sind mitfühlend und interessiert.
Unter anderem fragen sie, ob die Mutter im Krankenhaus oder bei einem Unfall verstorben sei. Die Kollegin erzählt, ihre Mutter habe auf der Couch gesessen, gefrühstückt und dazu eine Tasse Kaffee getrunken. Dann sei ihr altersschwaches Herz stehen geblieben und sie sei im Sitzen tot umgefallen.
»Tot umgefallen? Wie denn? Nach vorne oder nach hinten?«, fragt Paula. Die Kinder wollen alles genau wissen. »Sie ist zur Seite gefallen«, sagt meine Kollegin und macht die Bewegung etwas nach. »Ach«, sagt Florian, »da hat sie aber Glück gehabt, dass sie nicht auch noch mit dem Gesicht in das Frühstücksei gefallen ist!«
Recht hat er, das nennt man Glück im Unglück.

Handkante

Im Frühling starb die Mutter von Kaan. Da war sie 46 und Kaan erst 14 Jahre alt. Zu diesem Zeitpunkt kannte ich ihn noch nicht. An einem Vormittag im Oktober klingelt mein Telefon, es zeigt die Telefonnummer einer Wohngruppe an. Ich melde mich und höre, dass der Vater von Kaan, der seit kurzem im Wohnheim lebt, auf der Intensivstation liege. Es gehe dem Vater sehr schlecht, sein Leben stehe auf der Kippe. Kaans Erzieher sagt, Kaan sei ein netter, aber sehr stiller Jugendlicher.

Ich treffe mich daraufhin mit Kaan, einem türkischstämmigen jungen Mann, in der Wohngruppe. Er sieht deutlich älter aus, als er ist. Später wird er mir sagen: »Die Leute denken immer, ich bin schon erwachsen. Aber in mir drin bin ich doch auch nur ein Kind.« »Ein Jugendlicher«, werde ich darauf antworten und er wird sagen: »Aber auch ein Kind meines Vaters und meiner Mutter.« Da hat er recht.
Wir sitzen auf dem Sofa und unterhalten uns. Nachdem ich einige Fragen gestellt habe, höre ich, dass seine Mutter in der Coronazeit starb und er nicht ins Krankenhaus durfte. Die Mutter wurde in der Türkei beerdigt – wo er auch nicht mit dabei sein konnte. Seine Mutter wurde notfallmäßig ins Krankenhaus eingeliefert. Er wusste nicht, dass sie dort sterben würde. Er hätte doch noch was sagen, sich verabschieden wollen.
Ich hole das LAVIA-Herz aus der Tasche und erkläre ihm, dass der Verlust der Mutter sich wie ein Herzbruch anfühlen kann. Erst recht unter den Bedingungen, die er mir grade geschildert hat. Dass gebrochene Herzen wieder heilen können, dass wir schauen können, was ihm im Verlust und im Trauerschmerz um die Mutter noch weiterhelfen kann. Und wir reden auch darüber, dass bei ihm nun das große Pech dazukommt, dass kaum, dass sein Herz nach dem Tod der Mutter anfangen könnte, etwas ruhiger zu werden, der Vater nach einem Schlaganfall im Koma liegt und unklar ist, ob er überlebt. Ich erzähle vom Schmerz, der auf Dauer weichen soll, und von den Tränen, die aus uns raus müssen, damit wir innerlich nicht

daran kaputt gehen. Kaputt gehen daran, dass wir die Trauer permanent unterdrücken.
Wir reden darüber, dass Tränen in unserer Gesellschaft nicht gerne gesehen sind, aber doch so nötig gebraucht werden, wenn es etwas oder jemanden zu betrauern gilt. Dass es Jungs im Allgemeinen damit schwer haben, weil sie immer aufgefordert werden, »tapfer« zu sein, und türkische Jungs vielleicht noch »härter« sein sollen. Dass das Schwachsinn ist und Trauer, wenn sie unterdrückt wird, uns unter Druck setzt. Dass sie sich andere Wege suchen wird, zum Beispiel in Bauchschmerzen, Zähneknirschen oder Wut.
Kaan zeigt mir seine Handkante. »So was meinst du, oder?«, fragt er und nickt, als ich nicke. »Ich verstehe, was du sagst. Ich war so sauer, ich wusste nicht wohin mit der Wut, da habe ich mit der Faust auf die Hauswand eingehauen. Immer wieder.« Ja, er versteht, was ich ihm erzähle. Er versteht es mit Kopf, Herz und Bauch.
Dann sagt er: »Ich möchte meinen Vater sehen. Ich weiß, dass es mich beruhigen wird, egal wie er aussieht. Aber ich muss wissen, wie es ihm geht und was sie mit ihm machen.«

Zum Glück bekommen wir die Erlaubnis, den Vater gemeinsam zu besuchen. Ich bitte den Oberarzt der Intensivstation, uns zu erklären, wie es dem Vater grade geht, wie die Prognose derzeit ist, was das alles für Geräte an und um den Vater herum sind. Er erklärt den Gesundheits-, nein, eher den Krankheitszustand des Vaters und dann die Beatmungsmaschinen, die mittlerweile, zum Glück im Pech, hochmodern sind und auf eigene Atmung reagieren. Der Arzt nimmt sich die Zeit, erklärt alles, und das ist gut. Wir stehen da auf dem Flur vor dem Zimmer in Schutzkleidung, Kaan hört zu und nickt. Er versteht, dass der Vater nicht reagiert, aber vielleicht spüren wird, dass er da ist. Bestimmt wird er es spüren, sagt er. »Und mir ist es grade so wichtig, dass ich im Gegensatz zu dem Krankenhausaufenthalt meiner Mutter hier bei meinem Vater bin, egal, ob er überlebt oder nicht.«
Dann gehen wir beide rein, Kaan geht direkt zu seinem Vater. Er berührt dessen Hand und spricht mit ihm. Ich spüre, dass die bei-

den sich nahe sind – vorher schon nahe waren. Selten erlebe ich eine so große Selbstverständlichkeit und Unbefangenheit am Intensiv-Krankenbett, wo Infusionsschläuche und Beatmungsgeräte zu sehen sind. Die Augen des Vaters sind auf einen Punkt am Fenster und gleichzeitig ins Leere gerichtet. Er zeigt keine Reaktion.
Kaan legt die eine Hand auf die Stirn des Vaters, die andere bleibt an dessen Hand. Ich ziehe mich zurück – es wird gut sein, wenn die beiden Ruhe für sich haben. Als ich wieder an das Bett herantrete und sage, dass er einen so schönen Vater habe, sagt Kaan: »Aber der Schnurrbart, der ist zu lang. Das würde meinen Vater jetzt aufregen. Das mochte er nicht, wenn der auf die Unterlippe wuchs. Dann musste ich ihm immer den Bart schneiden.« Er lächelt dabei und gleichzeitig merke ich, wie sehr ihn selbst der zu lange Schnurrbart stört – weil er den Vater stören würde.
»Du hast ihm immer den Bart geschnitten? Womit?« frage ich. »Mit einer Schere«, sagt er. »Willst du es dann jetzt auch tun?«, frage ich und er nickt. Ich bekomme eine sterile Schere vom Krankenpfleger, und dann beugt sich Kaan über den Vater und macht ihn schön. Bis auf die Geräusche der Geräte ist es ganz still im Raum, Kaan arbeitet konzentriert. Dann tritt er einen Schritt zurück und begutachtet den Vater, der nun die Augen geschlossen hat. »So ist es gut«, sagt der Junge. Ja, es ist gut. Er ist so gut.

Wir fahren zur Wohngruppe zurück. Im Auto sagt Kaan: »Auch wenn mein Vater sterben muss, bin ich so froh, dass ich bei ihm war. Jetzt geht es mir besser. Ich weiß, dass man ihm dort hilft. Ich habe gesehen, dass er keine Schmerzen hat. Das macht mich jetzt ruhig.« Er macht eine Pause nach dem vielen Reden, der Junge, von dem alle sagen, dass er so ruhig ist, wenig spricht und, wenn es um Gefühle geht, versteinert. »Weißt du«, sagt er dann, »weißt du, ich wusste nicht, dass man so über Gefühle reden kann. So mit anderen Leuten, meine ich. Wo es mir jetzt so schlecht ging, wäre ich am liebsten zu meiner Mutter gegangen. Aber sie ist ja auch ein Grund dafür, dass ich traurig bin. Und ich würde jetzt zu meinem Vater gehen, aber das geht auch nicht. Darum habe ich mit der Hand vor die Wand geschlagen. Ich habe noch nie über meine Gefühle gesprochen und merke grade, wie mir das guttut.«

Wohin mit seiner Trauer, wohin mit seiner Liebe, die am Krankenbett so sichtbar wurde, denke ich. Trauer ist ja Liebe, und wenn das, was er da am Vater »rausgelassen« hat, wenn das drinnen in ihm feststecken würde – ja, da kann ich verstehen, dass er Wände einschlagen wollte.

Was ein großartiger, kluger und liebevoller Kerl er ist. Und was ein Segen, dass es Familientrauerbegleitung gibt, die Wirkung zeigt. Was für ein Glück im Unglück, dass die Wohngruppe anruft und nach Hilfe fragt und wir so zusammen mehr bewirken können.

Vielleicht wird Kaan eines Tages bei uns als Kranken- oder Altenpfleger am Bett stehen. Oder er wird ein Handwerker, der seine Arbeit gewissenhaft tut, oder ein geduldiger Pädagoge, liebevoller Ehemann und Vater, der gelernt hat, mit seiner Trauer und den Trauerreaktionen gut umzugehen und nicht wegen irgendwelcher »Kleinigkeiten« ausrastet.

Hilft alles nix

»Ach, Frau Rupieper«, sagt die alte Frau Kemper. »Ich könnte immerzu weinen, seit mein Mann gestorben ist. Ach, es ist schon schlimm. Aber was soll man tun, hilft ja alles nix.«
»Das glaube ich«, sage ich zu ihr. »Und es ist ja auch traurig, und dann ist es auch o.k. zu weinen. Sie sagten ja vorhin, dass sie und ihr Mann über 50 Jahre verheiratet waren. Das ist schon eine lange Zeit der Verbundenheit, da braucht es auch eine gute Zeit zum Abschiednehmen. «
»Aber ich will nicht immer weinen«, sagt sie, »das ist mir unangenehm. Wissen Sie, Frau Rupieper, ich muss dringend zum Augenarzt. Aber ich kann da zurzeit nicht hingehen. Der Doktor ist nämlich ein ganz ein Lieber, und wenn ich zu ihm hinkomme, dann wird er sagen: ›... und, Frau Kemper, wie geht es Ihnen denn?‹ und dann werde ich schon direkt losweinen. Das weiß ich jetzt schon, und das ist mir doch vor dem Doktor sehr unangenehm.«
Und dann erklärte ich ihr die Sache mit dem Herz, das auch aufgeht, wenn wir etwas Frohes oder Liebes erleben, zum Beispiel, wenn der Augenarzt liebevoll Interesse an ihr hat. Dazu forme ich aus meinen Daumen und Zeigefingern ein Herz und sage: »Wenn das nun mein Herz wäre, das grade voll von Tränenwasser wäre, dann öffnet es sich, wenn zu viel Trauer darin wäre, und die Tränen würden abfließen. Dann hätte ich wieder mehr Platz darin für Mut, Hoffnung und auch für neue Tränen.«
Unser Herz geht auch auf, wenn wir etwas Schönes sehen oder erleben. Wenn wir Kummer haben, sagen wir: »Du, ich muss dir mal mein Herz ausschütten« und meinen damit, dass wir unser Herz öffnen, weinen und reden. In frohen Situationen reden wir davon, dass unser Herz aufgeht – so können wir mehr Liebe aufnehmen und abgeben.
In traurig-schönen Momenten vermischt sich alles: Das Herz geht auf, und wenn es voll ist mit ungeweinten Tränen, dann fließen sie durch Rührung ab. Das hat die Natur schon ganz gut eingerichtet. Wenn ich mein Herz jedoch verschließe, damit keine Träne abflie-

ßen kann, dann kann ich auch nicht ausreichend Liebe abgeben und aufnehmen. Und Frau Kemper kann noch nicht einmal zum Augenarzt gehen.
»Ich schau mal«, sagt Frau Kemper, die mir aufmerksam zugehört hat. »Vielleicht gehe ich ja doch morgen hin. Hilft ja alles nix.«
Doch, hinzugehen hilft. Den Augen und dem Mut zum nächsten Schritt.
Und zu weinen hilft auch: dem Herzen und der Herzlichkeit.

Teufelskreis

Er ist 14 Jahre alt, als er eines Tages nach Hause kommt und seine Mutter tot auf dem Fußboden liegend vorfindet.
Er ist 18 Jahre alt, als sein Vater stirbt.
Er ist traurig, wütend, verzweifelt. Er weint.
»Bist du ein Mann – oder bist du kein Mann?«, fragen, nein, sagen Toms ältere Geschwister, die ihn mit diesen Worten aufmuntern wollen. Sie wollen keine Tränen sehen. Warum nicht? Wahrscheinlich, weil es sie verunsichert, den kleinen Bruder so zu sehen. »Mut machen« wird so etwas oft genannt. »Kopf hoch« wird gesagt. Aber es macht keinen Mut. Es zieht Beine weg. Macht instabil.

Klar will er ein Mann sein! Wer möchte das mit 18 Jahren nicht sein? Mann sein in Krisenzeiten bedeutet in unserer Gesellschaft oft: Du sollst *stark* sein! Mit wahrer Stärke hat das aber nichts zu tun. Es hat etwas mit Härte, es hat etwas mit Zähne zusammenbeißen zu tun. Beißen Sie einmal, jetzt, wo sie diese Zeilen lesen, ihre Backenzähne ganz fest zusammen. Spüren Sie etwas? Vermutlich werden Sie merken, dass Sie gleichzeitig Ihre Bauchmuskeln anspannen. Sie verhärten nicht nur am Kiefer, sondern auch am Bauch und im schlimmsten Fall eines Tages auch um das Herz herum.
Stark sein bedeutet für die meisten Menschen: Du darfst nicht weinen, erst recht nicht öffentlich. Denn unsere Gesellschaft, pauschal gesprochen, wünscht sich keine traurigen Menschen. Zumindest nicht länger als ein paar Wochen.

Tom versucht, seine große Traurigkeit zu unterdrücken. Aber es ist anstrengend, deswegen braucht er Unterstützung. Wer oder was könnte ihm helfen? Eltern hat er nicht mehr, vor den Geschwistern und Freunden will er sich keine Blöße geben. Was jetzt hilft, ist Alkohol und ab und zu etwas Cannabis.
So bekommt er sich »wieder in den Griff«.
Seine erlernte Strategie wendet er in Krisensituationen immer wieder an, insbesondere dann, wenn seine Trauer aus dem Bauch

langsam am Brustbein entlang in den Hals aufsteigt, um dann als Tränenausbruch rauszukom … *Nein*! *Keine* Tränen!
Er schluckt und raucht und trinkt und wirft sich die eine oder andere Tablette rein. So funktioniert's wieder. So funktioniert er wieder.

Er lernt eine nette Frau kennen, sie verlieben sich. Sie weiß, dass seine Eltern tot sind, aber er will nicht darüber sprechen und bittet seine Partnerin, ihn nicht danach zu fragen. Denn darüber zu reden, würde bedeuten, die Trauer rauszulassen, und es ist so schon an manchen Tagen schwer, sie zu unterdrücken und zu verdrängen. Verdammt, er steht doch schon seit über zehn Jahren unter Druck.

Sie lässt ihn, mag ihn nicht bedrängen. Was beiden jedoch nicht bewusst ist: Durch das Darüberschweigen entsteht eine Beziehungsstörung zwischen ihnen. Es gibt jetzt ein Tabuthema in ihrer Beziehung: den Tod seiner Eltern und den Umgang mit seiner Trauer. Aber ist das Thema damit wirklich abgeschlossen? Oder steht es nicht wie der berüchtigte Elefant, den keiner sehen will, mitten im Raum?

Es geht ihm in der Beziehung gut, er trinkt nur ab und zu über den Durst hinaus, er kifft nur hin und wieder. Dann erwarten sie ein Baby, es wird ein Junge. Der Erstgeborene soll den Zweitnamen von ihm, dem stolzen Papa, tragen. Drei Tage vor dem errechneten Geburtstermin stirbt der kleine Kerl im Bauch der Mutter. Für das junge Paar bricht eine Welt zusammen. Die Mutter weint und weint und weint. Sie möchte von Tom gehalten und getröstet werden und ihm Trost geben. Er wehrt sie ab.

Was beide nicht wissen: Der Verlust des Kindes und die Trauer der Ehefrau rühren Tom an, mischen seine alte Trauer in ihm auf. Denn Trauer ist ansteckend, so wie alle angeborenen Gefühle ansteckend sind. Das hat das Leben so eingerichtet, damit wir Mitgefühl erhalten und mitfühlend sein können. Und Tom, der nach dem

Tod seiner Eltern zehn Jahre lang Trauer unterdrückte und zehn Jahre lang immer wieder unter Druck stand, hält die aufwühlenden Gefühle kaum aus. DAS IST ZUVIEL! DAS HÄLT MAN(N) DOCH NICHT AUS! Er stößt sie ab, seine traurige Frau, er beschimpft sie.

Seine Frau will in den Arm genommen werden. Doch Tom kann das nicht, nicht so, wie sie es braucht. Denn sie würde ihn weiter anstecken mit ihrer Trauer und alles noch mehr aufwirbeln, was da so verborgen in ihm steckt. Rausholen, was doch drinbleiben soll.
Verdammt, das geht doch nicht! Es ist jahrelange schwere Arbeit gewesen, das alles immer wieder runterzudrücken. (Das ist ihm natürlich nicht bewusst, aber das spürt er in sich, diese Unruhe.) Da will was in ihm hochsteigen, etwas, das er nicht aushalten kann … oder will (Was Tom nicht weiß: Er kann es aushalten, er traut sich nur nicht, weil er so ungeübt darin ist.) Und so spürt er nur noch eins: »Ich muss hier weg! Ich halte das nicht aus!« Und er schreit: »HÖR AUF ZU HEULEN, FRAU!«
»Liebst du mich denn gar nicht?«, fragt sie. Oh doch, er liebt sie! Und wie er sie liebt. Mehr als alles auf der Welt – oder zumindest genauso, wie er das kommende Kind schon geliebt hat. Und doch kann er in diesem Moment nicht bei ihr bleiben: »Hör auf, lass mich in Ruhe, ich kann das ständige Geheule nicht mehr ertragen!«
Und er nimmt die Jacke und geht. Trinkt. Kifft. Besorgt sich Tabletten. Und besorgt sich Geld, erst seines von der Bank, dann ihr Geld und auch das von Fremden. Beschaffungskriminalität.
Er wird erwischt. Er kommt für drei Jahre ins Gefängnis. Er kommt zur Ruhe. Im Gespräch mit der Psychologin erzählt er von seiner Trauer um Vater, Mutter und Sohn.
Ich erhalte einen Anruf: »Können sie kommen? Wir haben wieder jemanden, der Trauerbegleitung benötigt.«

Und dann sitzen wir im Besuchszimmer. Wir reden, ich erkläre, zeige die Schaubilder, die ich entwickelt habe. Das LAVIA-Trauermodell, das gebrochene Herz und den Tischtennisball unter Wasser. Es braucht nicht nur Worte. Oft braucht es Bilder, die Eindruck machen.

»So habe ich das noch nie gesehen«, sagt Tom.

»Ah, ich verstehe«, sagt er auch. »Wenn ich das mit der Trauer gewusst hätte …« Er dreht sich um zum vergitterten Fenster, zeigt mit dem Daumen drauf und sagt: »Ich glaube, vielen hier geht es ähnlich wie mir, oder? Aber die meisten haben noch ›ne große Schnauze dabei.«

Tom wiegt den Kopf hin und her und nickt dann.

»Ich habe Angst, meine Frau zu verlieren«, sagt er. Das glaube ich ihm sofort. Grundsätzlich schon durch die Haftsituation. Aber auch mit dem Wissen, dass der, der Trauer unterdrückt und deshalb Verluste nicht bewältigen kann, Verlassensängste entwickelt.

»Und gleichzeitig tust du alles dafür«, antworte ich und erkläre ihm, wie dieser Teufelskreis zustande kommt: Beide sind traurig, er versucht zu unterdrücken, sie will es ausleben. Das wühlt ihn auf, erschwert es ihm, dem Druck standzuhalten. Um sich unter Kontrolle zu bringen, muss er alles unter Kontrolle bringen: Er schreit sie an, beleidigt sie, empfindet sie als schuldig, ihn wütend gemacht zu haben (die Traurigkeit wird nun durch seine Wut verdeckt). Um nicht körperlich aggressiv zu werden, verlässt er das Haus, irrt umher, muss sich runterbekommen, dafür braucht er Drogen. Andere vielleicht Gewalt. Etwas kaputt machen oder jemanden zusammenschlagen – auch das kann Druck abbauen. Auch hier natürlich wieder: Es ist kein gesunder Druckabbau. Nicht für den Täter und erst recht nicht für das Opfer.

Wir erleben im Gefängnis Menschen, die vielleicht nicht dort wären, hätte man sie in ihrer Trauer gesehen und unterstützt. Nicht alle Kinder haben das Glück, durch Verlustzeiten gestärkt zu werden. Es ist an der Zeit, dass wir uns alle wieder auf die Notwendigkeit der Trauer in Verlustzeiten besinnen, um damit Not zu wenden.

Kein Fan vom Sterben

An einem warmen Herbsttag sitzt die sechsjährige Lia mit der Mama, dem Papa, meiner jungen Kollegin Helena und mir auf der Terrasse hinterm LAVIAhaus.

Wir sprechen über den verstorbenen Bruder, den Verlustschmerz, den Wert der Tränen und was Kinder vom Tod verstehen können. Lia geht nach einer Weile mit Helena in den Nebenraum. Sie basteln dort Herzketten, während das Mädchen mit der jungen Familientrauerbegleiterin über ihre Traurigkeit und die der Eltern spricht. Zwischendurch kommt Lia zu uns rüber und schmückt erst den Papa, dann die Mama mit den Ketten.

Als wir in einer gemeinsamen Runde das Treffen beenden, nimmt Lia einen großen Schluck aus ihrem Mineralwasserglas, schaut die Mutter an und sagt dann ganz energisch: »Mama! Ich bin wirklich kein Fan vom Sterben!«

Und die Mama nimmt gerührt Lias Hand, drückt sie leicht, streicht dann dem Kind über die Haare und sagt: »Ach Lia, das sind Papa und ich auch nicht …«

Klettergerüst

»Sag mal: Klettergerüst!« Die beiden Mädchen kichern. »Sag mal …« Lara gluckst, als sie ihre Schwester noch mal dazu auffordert.
Die Mama muss grinsen, obwohl ihr nicht zum Lachen zumute ist. Ihr Sohn ist bei einem Unfall gestorben. Deswegen ist sie mit den viereinhalb- und sechseinhalbjährigen Töchtern vorbeigekommen. Lara, die Vierjährige, sagt im Kindergarten und auch zu Hause, sie fände es lustig, dass der Bruder tot ist. Das irritiert die Erzieherinnen, die Mutter ist in aller Trauer gelassener.
Sie weiß, dass es nicht so ist, sondern dass ihrer kleinen Tochter nur die richtigen Worte für das Unglaubliche fehlen. Seit dem Unfalltag macht Lara auch wieder Pipi ins Bett. Dennoch ist sie in Sorge, ob sie ihre Kinder in der Trauer richtig wahrnehmen kann.

Wir sprechen darüber, dass die Familie durch den Unfalltod in eine »Schieflage« gekommen ist und dass Lara jetzt möglicherweise versucht, Witzchen zu machen, um die Stimmung zu heben und die Schieflage auszugleichen. In anderen Stresssituationen funktioniert das ja auch manchmal. Andere Kinder wiederum werden unglaublich lieb, zuvorkommend und anpassungsfähig, nur um Mutter und Vater nicht noch trauriger zu machen. Wieder andere wüten in ihrer Not so lange, bis die Eltern ebenfalls wütend werden. Wütende Eltern sind einigen Kindern lieber als traurige. Denn sie kennen Eltern eher in Wut als in tiefer Trauer. Sie wissen aus Erfahrung, dass Wut wieder vorbeigehen wird. Tieftraurige Eltern sind ihnen unbekannt und daher für sie nicht mehr einschätzbar.

Während die Mädchen mit uns am Tisch sitzen und rosa- und lilafarbene Papierfächer bemalen, reden die Mutter und ich miteinander, und wir beziehen die Mädchen immer wieder mit ein, die plötzlich wieder loslachen: »Klettergerüst … Klettergerüst!« Pause. Pause. Und dann platzt es aus beiden fast gleichzeitig heraus: »… du hast ›nen nackten Mann geküsst!« Und die Mutter und ich müssen mitlachen, weil es in aller Dramatik und Trauer gleichzeitig am Küchentisch so lustig, so herrlich albern ist.

Wir reden von Übersprungshandlungen, die dazu dienen, Stress zu mindern. Die beiden kleinen Schwestern können entwicklungspsychologisch gesehen gar nicht alle Dimensionen des Unfalltods ihres Bruders verstehen. Aber die Reaktionen ihres nahen sozialen Umfelds lösen Nervosität, Unsicherheit und Stress in ihnen aus. Die Mädchen verspüren vermutlich einen starken Impuls, den Druck herauszulassen, aber es gibt gerade scheinbar keine gewohnte Möglichkeit, auf die sie zurückgreifen können. Wenn die entstandene Energie aber aus ihnen herausdrängt, kann eine Übersprungshandlung ähnlich einem Blitzableiter zum Spannungsabbau entstehen. Dann ergeben sich oft unpassend erscheinende Handlungen, wie ein Lachflash oder Witzeln in einer unpassenden Situation, weil die aufgestaute Energie auf ein anderes Ziel oder Objekt zur Entladung überspringt.

Und ich sitze da und frage die Mutter: »Seit wann gibt es eigentlich schon diesen Reim? Ich bin jetzt über 50 Jahre alt und kenne ihn aus meiner Kindheit. Er war eines Tages da und taucht immer wieder auf. Wird er als Volksgut weitergegeben, oder steckt er in jedem Menschen drin?«
»Mein Sohn konnte auch so schräge Witze machen«, sagt die Mutter. »Vermutlich lacht er sich im Himmel darüber schlapp, dass seine Schwestern gerade jetzt so einen Scherz machen.«

Sehr sehr mutig

Erik ist acht. »Fast neun Jahre«, sagt er.
Sein Papa starb vor zwei Jahren. »Richtig traurig bin ich aber erst jetzt«, sagt Erik. Er sitzt mit mir im Wohnzimmer. Auf dem Sofa baut sich der Junge aus den Kissen eine Höhle, hört mir zu, antwortet und stellt selbst Fragen.
Er ist so traurig, aber er will nicht weinen. Oder vielleicht doch. Aber nicht vor anderen. Niemals!
Er rollt mit den Augen, verteilt das Tränenwasser darin. Zieht die Nase hoch und schiebt die Kissen hin und her.
Ich erzähle ihm von anderen Jungs und Mädchen, die ich kennengelernt habe, als sie sehr traurig waren. Erzähle, dass viele von ihnen ihre Traurigkeit inzwischen zeigen können – mit und ohne Tränen – und dass es den meisten auch nix mehr ausmacht, wenn andere Kinder wissen, dass es ihnen manchmal nicht so gut geht. Sie haben ja einen guten Grund dazu.
Erik hört ganz interessiert zu.
Dann sagt er langsam: »Es ist schon mutig, wenn man heult, weil, man riskiert damit, sich peinlich zu machen. Und wenn man Peinlichkeit riskiert, das ist dann wirklich sehr sehr mutig.«
Die Kissen liegen jetzt an der Seite.
Er sitzt da ohne Höhle.
Und nickt noch mal zu dem, was er gesagt hat.
Ich nicke auch.

Rosarot

Der 13-jährige Simon wohnt in Süddeutschland, er ruft mich von Zeit zu Zeit an. Wir reden oder schreiben uns hin und wieder. Seine Mutter hat sich vor drei Jahren das Leben genommen.
Einmal reden wir über seine Mama, die ihm so fehlt und für deren Tod er sich verantwortlich fühlt. Denn hätte er einen Krankenwagen gerufen, dann würde sie noch leben. Glaubt er. Denn der Opa sagte zu ihm, dem damals Zehnjährigen: »Warum hast du keinen Krankenwagen gerufen?«
Wir sprechen über den Opa, über Simons Gefühle, über Mamas Suizid, und auf einmal fragt er: »Was glaubst du, wo meine Mama jetzt ist?«
»Was glaubst du?«, frage ich zurück.
»Ich weiß nicht, vielleicht ist sie ein Geist?«
»Ein Geist oder ein Gespenst?«, frage ich.
Er lacht laut auf. »Nein, ein Gespenst wäre gruselig, obwohl, als Geist ist es auch nicht so toll, wenn sie mir überall zugucken würde, auch beim Quatsch, den ich manchmal so mache.«
Pause.
Dann fragt er mich noch einmal: »Aber, was glaubst du, wo Tote sind?«
»Ich glaube, dass es einen Himmel gibt. Ich glaube es, hoffe es, weiß es aber nicht genau …« Er unterbricht mich.
»In echt glaube ich das auch. In echt … ich wünsche mir auch, dass es einen Himmel gibt, aber eher so … so mädchenhaft.«
Er lacht verlegen. »So mädchenhaft, so in rosarotpink. Und keiner hat dort mehr Schmerzen, keiner ist mehr traurig. Die Toten fliegen da als Engel rum, und die, die sich kennen, die quatschen miteinander.«
»Hey, Simon«, sage ich. »Rosarote Himmel sind nicht mädchenhaft. Weißt du, wenn man ab heute Jungen als Babys rosa und Mädchen blaue Sachen anziehen und sagen würde, das sind die typischen Farben für Jungs und Mädchen – dann würden das die meisten glauben, obwohl es Quatsch ist. Farben sind uns nicht angeboren.«

»Ach so«, sagt er. »Aber Rosa als Himmel wäre schon schön.«
»Mir gefiele es auch.«

Unser Gespräch fand an einem Karfreitag statt, und es hat mich berührt. Es hat mich berührt, dass ein 13-Jähriger sich für den Tod der Mutter verantwortlich fühlt, dass sein großer Bruder für einen Kontakt zwischen uns gesorgt hat und dass Simon jetzt überlegt, ob seine Oma, bei der er wohnt, vielleicht auch mal mit mir telefonieren könnte.
Denn wenn er von Mama sprechen möchte, sagt sie immer: »Ach lass, ist schon gut.« »Aber so ist es nicht«, sagt Simon. »Oma ist auch traurig. Und das ist auf Dauer auch nicht gut.«
Und Simons Gedanken über eine mögliche Auferstehung im Himmel, der vielleicht rosarot ist, gefällt mir auch. An diese Farbe hatte ich noch nie gedacht.

Schamlos

»Ich heiße Angelika, und mein Sohn ist an den Folgen seiner Alkoholkrankheit gestorben«, sagt sie. »Und außerdem bin ich heute mit dem Herz hier.« Sie zeigt auf das Herzsymbol auf dem LAVIA-Gefühlsstein, »weil ich froh bin, mich hier mit euch auszutauschen und leichter wieder nach Hause zu gehen.«
Wir sitzen mit der Gruppe der älteren verwaisten Mütter in der LAVIAküche. Eine neue Teilnehmerin ist dabei, deshalb stellen sich alle noch einmal vor.
Als Tee und Kaffee verteilt sind, frage ich, während ich mein Brötchen aufschneide: »Angelika, als du das mit dem Alkoholproblem bei deinem Sohn gesagt hast, habe ich überlegt, ob du das überall oder nur hier bei uns im geschützten Raum so ausdrücklich benennst?«
Angelika antwortet sofort und ganz selbstverständlich: »Ich sage es überall so. Anfangs habe ich eine Weile überlegt: Was denken die Leute von uns? Von meinem Sohn? Von mir als Mutter? Aber wir sind eine wirklich gute Familie, warum sollte ich ein Geheimnis daraus machen? Warum sollte ich mich für meinen Sohn schämen? Es ist eine Krankheit, und es gibt einen Grund dafür, den ich allerdings nicht kenne. Nein, ich will daraus kein Geheimnis machen und Angst haben, dass es entdeckt wird. Und: Jede Familie hat ihre Geschichte.«
Weil Angelika dies ganz ohne Scham benannt hat, wird einigen in der Runde klar, wie anstrengend es ist, wenn man Geheimnisträger:in wird, nur damit die »anderen« nix merken, was da vielleicht aus dem Lot gekommen ist.
»Meine Tochter hat auch eine Weile zu viel geraucht, und das war schwer für uns auszuhalten«, sagt eine Mutter und meint damit, dass die Tochter zu viel gekifft hat. Und sie weint fast vor Erleichterung, es sagen zu können, ohne »schief angeguckt« zu werden.

Ich habe vor einigen Jahren von Sabine noch mal bewusst gelernt, dass man sich nicht verstecken und nicht Angst haben sollte, »ent-

deckt« zu werden. Sabines Mann starb für alle überraschend durch einen Suizid. Ihrem Freundes- und Familienkreis sagte sie direkt: »Wer damit nicht klar kommt, wer uns deshalb verurteilt, den können wir nicht in unserem Freundeskreis gebrauchen. Jetzt erst recht nicht.«
Und was geschah? Aufgrund ihrer Offenheit konnten auch Sabines Freund:innen offen mit ihr umgehen. Und es gab Menschen, die sich auf einmal trauten, davon zu erzählen, dass es auch bei ihnen in der Familie schon einen Suizid gab.

»Unter jedem Dach ein ›Ach‹«, sagte meine Schwiegermutter früher.
Solange aber viele so tun, als sei alles tippitoppi, glauben auch so viele, dass sie die Einzigen seien, bei denen es hinter der Fassade manchmal auch ganz anders aussieht.
»Sei schamlos, nicht mutlos«, habe ich einmal geschrieben. Ich finde immer noch, dass das ein wertvoller Satz ist.

Schuldgedanken

Der Papa ist gestorben, und keiner hätte das vorher gedacht. Denn hätte »man«, hätte es die achtjährige Ella gewusst, sie hätte sich noch bei ihm entschuldigt. Und sie wäre nicht so frech gewesen, manchmal. Und sie hätte ihm noch einmal oder sogar fünfmal gesagt, dass sie ihn gerne hat, ganz feste gerne.

Und jetzt?

Jetzt ist der Papa tot, und sie hat das alles nicht sagen können. Ella ist traurig darüber.

»Weißt du«, sage ich, »heute Morgen habe ich mich mit einem meiner Söhne beim Frühstück gestritten. Ich habe ihm etwas gesagt, was ihn geärgert hat. Das hat mich dann wieder geärgert, und schon war ein Streit da. Er war sauer und ich war sauer. Dann musste er los, weil er verabredet war, und wir haben uns noch nicht wieder richtig versöhnt. Weißt du, Ella, wenn er jetzt plötzlich sterben würde, dann würde ich wahrscheinlich auch zu mir selbst sagen: Warum musste ich den Streit anfangen? War mir das wirklich so wichtig? Warum habe ich mich nicht bei ihm dafür entschuldigt? Und dann denke ich jetzt grade, wo ich dir das erzähle: Aber wenn nicht mein Sohn, sondern ich jetzt plötzlich sterben würde, dann hätte er vielleicht ein schlechtes Gewissen. Und er würde denken: Warum habe ich so wütend reagiert? Die Mama hat das vielleicht gar nicht so gemeint. Warum haben wir uns nicht ausgesprochen, bevor ich aus dem Haus gegangen bin? Und wenn es einen Himmel gibt und ich dann mein Kind von da oben sehen und hören würde, dann würde ich ihm bestimmt am liebsten sagen wollen: Hey, wir haben uns zwar gestritten, aber ich habe dich doch so lieb! So so so lieb, dass kein Streit und auch nicht 15 Streitigkeiten die Liebe zwischen uns wegmachen können. Puh, ich weiß nicht, wie das wäre, wenn ich im Himmel wäre und auch noch ein schlechtes Gewissen deswegen hätte.«

Ella nickt. Und dann sagt sie: »Und wenn ich tot wäre statt Papa, dann hätte der Papa auch vielleicht gesagt: Wenn ich gewusst hätte, dass die Ella stirbt, dann wäre ich immer lieb und gar nicht streng zu ihr gewesen. Und ich hätte ihr immer ein Eis gekauft, damit sie sich freut. Aber ich habe den Papa ja trotzdem lieb, auch wenn er manchmal etwas meckrig war und mir nur manchmal ein Eis gekauft hat.«

Typsache

Seine Frau ist gestorben, die beiden Kinder studieren auswärts. Er wollte nicht in ein Loch fallen und fragt nach Trauerbegleitung. Anfangs sitzt er da, packt ein Schreibheft aus und notierte vieles von dem, was ich sage.

Er nickt, schreibt auf, fragt, antwortet und als ich ihm das LAVIA-Trauermodell zeige, versteht er noch mehr. »Ich bin eher der sachliche Typ«, sagt er.

Dass er eher ein »Kopfmensch« ist, hatte ich schon bemerkt, denn als wir beim ersten Treffen über die Vielfalt der Gefühle sprachen, schrieb er sie auf und sagte dann: »Das mit den Gefühlen ist sehr interessant. Das lasse ich mir zu Hause noch einmal durch den Kopf gehen …«

Was jedoch wichtig ist: Auch sachliche Typen können emotional, aktiv oder verdrängend sein. Das eine schließt das andere nicht aus. Wir dürfen Menschen nicht einseitig beurteilen, nur weil eine Sache vordergründig ist. Wenn wir andere – und auch uns selbst – als sachlich bezeichnen, wäre es schön, auch die anderen Anteile (in uns) zu suchen. Und zu finden.

Vielseitig ist besser als einseitig. Immer.

Die unsterbliche Qualle

Als Joshuas Papa starb, war er zwei Jahre alt. Damals konnte er noch nicht verstehen, was es bedeutet, wenn ein Papa gestorben ist. Er war ab und zu mal traurig, wenn er ihn punktuell vermisste, aber meist verhielt er sich so, als sei nichts geschehen.

Nun ist er sieben Jahre alt und vermisst seinen Papa sehr, an den er sich gleichzeitig kaum erinnern kann. Es macht ihn traurig, keinen Papa zu haben. Dass sein Papa tot ist und nicht mehr wiederkommen kann, fängt er erst jetzt an zu verstehen.

Seine Mama kommt mit Joshua ins LAVIAhaus zum Erstgespräch. »Ich verstehe nicht, warum Joshua jetzt erst seinen Papa vermisst«, sagt sie, als wir zusammen am Küchentisch sitzen.

Ich wende mich Joshua zu. »Weißt du«, sage ich, »als du zwei Jahre alt warst, konntest du noch nicht wissen, was ›tot sein‹ ist. Da warst du ja fast noch ein Baby und als so ein kleines Kind weiß man noch gar nicht, was Sterben ist. Aber jetzt bist du schon sieben Jahre alt, du gehst schon zur Schule. Und wenn man größer wird, dann wird das Gehirn auch größer, man lernt immer mehr dazu und weiß dann auch mehr. Du weißt jetzt zum Beispiel, was das heißt, wenn jemand tot ist: dass er nicht nur ein bisschen weg, sondern für immer und ewig nicht mehr hier ist. Und wenn man das versteht, dann macht das einen meist erst einmal ganz feste traurig. Mit sieben Jahren wissen fast alle Kinder, dass alles, was lebt, einmal stirbt.«

Joshua hört mir aufmerksam zu, nickt entschieden und meint dann: »Ja. Bis auf die unsterbliche Qualle!«

»Quallen müssen auch sterben«, sage ich. Joshua schüttelt den Kopf. »Nein, die unsterbliche Qualle nicht. Das habe ich im Fernsehen gesehen.« »Im Fernsehen, da zeigen sie manchmal so Sachen«, hake ich ein, »das sind Trickfilme. Da stirbt einer und zack, auf einmal lebt er wieder. Aber in echt gibt es sowas nicht.« »Doch!«, beharrt der Junge.

Seine Mutter ist etwas peinlich berührt, auch sie versucht Joshua zu erklären, dass es unsterbliche Quallen nicht wirklich gibt.

Ich starte noch mal von vorne: »Menschen, Blumen und Tiere leben und sterben eines Tages. Eine Qualle ist auch ein Tier, deshalb muss sie leider auch sterben.« Joshua schüttelt den Kopf, und ich merke, dass wir uns hier grade an einer Sache festbeißen, die ja ursprünglich gar nicht Anlass unseres Treffens war. Um das Thema zu beenden – und wahrscheinlich auch, um ihn zu überzeugen, dass ich recht habe – hole ich mein Handy raus und sage: »Weißt du was? Jetzt fragen wir mal die Suchmaschine.« Ich gebe »unsterbliche Qualle« in das Suchfeld ein und muss dabei grinsen, weil es sich so unwirklich anfühlt, dass ich nach etwas suche, das sich so unsinnig anhört. Und dann … dann lese ich, dass die Mittelmeerqualle »Turritopsos nutricula« den Alterungsprozess tatsächlich umkehren und potenziell ewig leben kann. Sobald die Qualle älter wird und ihre Zellen nicht mehr optimal arbeiten, sinkt sie zu Boden und erlebt eine Verjüngungskur. Die Zellen verlieren ihre Funktionen, die sie bis zu diesem Zeitpunkt hatten, und kehren in ihr Ausgangsstadium wie in jüngster Kindheit zurück. Wenn die Qualle nicht an Land gespült, nicht gefressen und nicht durch die Meereserwärmung getötet wird, kann sie nach heutigem Wissensstand ewig leben.
»Siehst du«, sagt Joshua und schaut seine Mama und mich triumphierend an. »Wusste ich doch!«
Ich gebe überrascht zu, das noch nie gehört zu haben, und freue mich darauf, damit jetzt andere zum Staunen zu bringen.
Danke, Joshua, dass ich das mit der Qualle von dir gelernt habe und du mich daran erinnert hast, dass ich das manchmal unglaubliche Wissen anderer nicht gleich kopfschüttelnd abblocke, sondern mich schneller informiere und dadurch eines Besseren belehren lasse.

Übrigens: Viele Forscher:innen versuchen herauszufinden, welche Quallen-Gene dafür verantwortlich sind und ob man davon etwas auf Menschen übertragen kann. Es ist der alte Traum vom Jungbrunnen. Manchmal denke auch ich, dass es schön wäre, manches könnte ewig da sein. Aber es gibt auch Situationen, Dinge und Menschen, da bin ich sehr dankbar, dass eines Tages zumindest der Kreislauf des Lebens für einen Abschied sorgt.

Verändert

Vater und Sohn sitzen am Küchentisch im LAVIAhaus. Zwei ruhige, ernsthafte Typen, die die Ehefrau und Mutter so liebevoll beschreiben. Die Mutter war nur kurze Zeit schwer krank, ihr Tod fühlt sich für beide so unwirklich an.
Wir reden, ich erkläre das eine und andere über Trauerreaktionen, und als ich zum Schluss frage, ob sie noch etwas wissen wollen, zögert der 15-Jährige kurz und sagt dann: »Ich habe Angst … also, ich habe Angst, dass ich mich durch den Tod meiner Mutter verändere.«
Ich glaube zu verstehen, was er befürchtet, und muss lächeln. »Weißt du, man müsste Angst bekommen, wenn du dich durch den Tod deiner Mutter *nicht* veränderst. Da stirbt eine Mama, und dazu noch so eine liebe, so eine herzliche, wie du und dein Vater sie beschrieben haben. Und das macht ja was mit einem. Es verändert sich und somit veränderst du dich. Wie schlimm wäre es, ihr würdet weitermachen wie vorher und sagen: ›Jetzt ist sie leider weg, aber das macht uns gar nix aus.‹ Nein, wenn jemand Besonderes stirbt, dann fühlt sich das manchmal an, als würde das Herz brechen. Es fühlt sich anfangs wund und schmerzhaft an, und wenn es heilt, dann wird man eine Narbe zurückbehalten. Der Tod deiner Mutter und die Narbe davon machen dich vielleicht empfindsamer für andere Menschen, vielleicht dankbar für vieles, was bisher selbstverständlich war. Irgendeine ›Macke‹ wird es bestimmt auch geben, wenn eine Mutter stirbt, aber Macken haben wir doch alle. Sie machen uns ja auch als Typen aus – und nicht unbedingt als schlechte und nicht unbedingt schwächer als andere.«
Vater und Sohn nicken. »Ja, so ist es wohl«, sagt der Vater.

Zwei Monate später sehe ich die beiden wieder. Diesmal sitze ich an ihrem Küchentisch.
Ich habe Motivtaschentücher mitgebracht, wir verteilen sie auf dem Tisch und ich frage den 15-Jährigen, welches Taschentuch er benötigt hätte, als die Mama starb, und welches Motiv heute passt oder ob es ein und dasselbe Taschentuch ist.

Er nimmt einige Taschentücher in die Hand, überlegt, legt sie weg, sucht weiter und findet zwei für ihn passende.
Und auch sein Vater macht mit. Es ist so wertvoll, weil es beiden Männern sichtbar guttut und sie sich nicht schämen voreinander.
Der 15-Jährige wählt für »damals« ein Tuch für die Traurigkeit und für »jetzt« ein Taschentuch mit einem Kuchen darauf. Und dann erzählen beide, dass ja eigentlich immer die Mutter gebacken und gekocht hat und er nun auf einmal Gefallen daran findet, das auch zu tun.
Und auch der Vater erzählt, dass er eine liebenswerte Eigenschaft seiner Frau übernommen hat, und auf einmal ist so eine Wärme in der Wohnküche spürbar, die nicht von der Heizung herrührt. Sie scheint vom Foto der Mutter, vor dem eine Kerze brennt, und von unserem Küchentischgespräch zu kommen.
»Wisst ihr noch, wie wir im LAVIAhaus über deine Sorge gesprochen haben, du könntest dich verändern?«
Der 15-Jährige nickt. Erst ernst, dann lächelt er.
»Ihr habt beide nicht das gleiche Taschentuch für jetzt und für vor zwei Monaten gewählt, eben weil sich ja einiges verändert hat. Weil ihr euch dadurch verändert habt, jetzt schon. Was würde deine Mutter, deine Ehefrau dazu sagen?«
Beide lächeln breit, obwohl – oder weil? – sie zwischendurch auch jeweils ein Taschentuch für ihre Tränen benötigt haben.
Und dann stellen sie auf einmal fest, dass etwas von der Mutter und Ehefrau auf sie beide übergegangen ist, etwas, wofür sie dankbar sind. Und der Vater sagt mit einem Blick auf das Foto und dann auf den Sohn: »Es würde sie freuen.«
Und bestimmt wäre sie stolz auf ihre beiden Männer, die sich trauen, Trauerbegleitung auszuprobieren, um zu merken, dass sie erleichtern kann.

Warum zwei Kaffeetassen eine Liebeserklärung sein können

Und andere Geschichten vom guten Weiterleben

Kaffeetassenliebeserklärung

Das Kind ist tot, und die sind Eltern sprachlos. Sprachlos und tieftraurig.
Sie weint und weint und weint und er auch, aber deutlich weniger, weil er doch auf sie achten muss.
Wann sind es zu viele Tränen? Woher soll man das denn wissen?
Er ist skeptisch, ob ihm Trauerbegleitung hilft. Und ja, woher sollte er das auch wissen?
Aber er kommt mit, ihr zuliebe. Weil ihre Beziehung ihnen so wichtig ist. Sie soll doch halten …
Und während beide auf der Terrasse sitzen und eine Zigarette rauchen, lasse ich noch einen zweiten Kaffee für sie durchlaufen. Da weiß ich auf einmal nicht mehr, welche Tasse wem gehört.
»Ach«, sagt er auf meine Frage, welche Tasse er hatte, »meine Frau ist die Liebe meines Lebens, da ist es mir doch wurscht, wenn ich aus ihrer Tasse trinke.«
Und ich denke: Wie schön ist das, wenn in so großer Traurigkeit liebevolle Beziehungen sichtbar werden und erhaltenswert sind. Und dass Liebeserklärungen auch vor Kaffeetassen geschehen können …

Anders gut

Ich lernte Anna kennen, kurz bevor ihre Mama starb. Das war sie sieben Jahre alt.
Nun ist sie elf. Ihr Papa ist gestorben, und sie hat gesagt: »Ich möchte wieder Trauerbegleitung bei der Frau mit den roten Haaren haben.«
Ich hole Anna, die nun bei ihrer Schwester lebt, von der Schule ab, und wir gehen zusammen in eine Pizzeria. Dabei erzählen wir darüber, was ist, was war und was wir erst mal machen werden. Anna ist »groß« geworden.
Sie sagt, sie lese gerne. Ich schenke ihr daraufhin mein Buch »Geschichten, die das Leben erzählt, weil der Tod sie geschrieben hat«. Noch im Auto beginnt sie zu lesen, vertieft sich immer mehr in das Buch und fragt plötzlich: »Wie alt war Eva, als ihre Mama starb?«
»Grade acht«, sage ich. »So wie ich damals«, meint Anna und liest das Vorwort der Jugendlichen zu Ende. Dann blättert sie weiter und entdeckt in einer Geschichte ihren Namen. »Hier steht ›Anna‹. Ist die Geschichte von mir?« Sie hofft es. »Nein, du stehst nicht in diesem Buch«, sage ich. »Aber wenn du magst, erzähle ich im nächsten Buch von dir.« Anna nickt.
Dann fahren wir zufällig am Haus von Viki und Gereon vorbei, deren Eltern starben, als die beiden 11 und 15 Jahre alt waren. Ich sage: »Anna, hier wohnen zwei, von denen sind wie bei dir erst die Mama und dann der Papa gestorben. Viele Leute haben gesagt: ›Das ist so schlimm für die Kinder, das wird ja *nie mehr* gut!‹ Was meinst du: Kann das wieder gut werden?«
Anna schaut mich an. »Ja, oder?«, fragt sie hoffnungsvoll.
»Ja«, stimme ich ihr zu. »Die Tatsache, dass Mama und Papa so früh gestorben sind, wird vermutlich immer traurig sein, aber es wird trotzdem nicht nur Traurigkeit im Leben geben. Es kann wieder gut werden, aber anders gut. Gereon studiert heute Musik, und Viki hat Heilpädagogik studiert. Sie arbeitet in einem Kindergarten und bei LAVIA als Familientrauerbegleiterin. Vielleicht kommst du ja mal in ihre Kindertrauergruppe.«
Anna nickt und strahlt.

Das Anders-gut-Werden beginnt schon hier und jetzt. Das Kind, das keine Eltern mehr hat, wünscht sich Familientrauerbegleitung, freut sich über die Buch-Geschichten anderer, über das Mittagessen in der Pizzeria und ist dankbar für das Wissen, dass es weitere Kinder und Jugendliche gibt, deren Elternteile beide starben und denen es heute dennoch gut geht.
Anders gut, das kann manchmal sogar besser sein als gleich gut.

Stück für Stück

»Weißt du,« sage ich zu Alma, »wer dich so sieht, wird vermutlich nicht drauf kommen, dass deine Mutter vor kurzem erst gestorben ist.«

»Das ist ja mein Problem«, antwortet die 15-Jährige, »alle denken, dass es mir gut geht. Wenn mich jemand aus meiner Schulklasse gefragt hat, habe ich auch immer gesagt: ›Ja, alles o. k. Jaja, es geht mir gut.‹ Das stimmt zwar nicht, aber ich dachte, es geht erstens keinen was an und zweitens, es würde mir bald besser gehen. Ich wollte auch niemanden beunruhigen und es außerdem selbst hinbekommen. Ach, ich wusste doch nicht, dass es noch schlimmer wird.«

Sie schaut mich an. »Deshalb bin ich hier, weil ich nicht weiter weiß. Ich fühle mich auch etwas wie eine Lügnerin, weil ich meinen Freunden und denen aus der Schule ja nicht die Wahrheit gesagt habe. Es geht mir noch schlechter als am Anfang, und niemand fragt mich mehr, wie es mir geht, weil alle glauben, es sei ja gut. Und Papa …, der redet gar nicht darüber. Er macht das mit sich selbst aus.«

Alma ist da, um mit mir zu sprechen, um zu hören und zu gucken, was Familientrauerbegleitung so bringt. Das ist für eine 15-Jährige schon sehr mutig.

Ich erkläre ihr, dass die meisten Menschen denken: »Wenn eine Mutter stirbt, ist es soo schlimm.« Ich halte dazu meine beiden Hände im Abstand von ca. 30 cm auseinander, dann rede ich weiter: »Die meisten Leute glauben auch, dass es dann aber nach einem Jahr wieder gut ist.« Ich führe meine Fingerspitzen wie ein Dach zusammen und fahre fort: »Aber es ist umgekehrt: Wenn ein ganz lieber Mensch stirbt, dann ist es eher so, dass die Handballen wie bei einem Crash zusammenkommen und es erst nach und nach heftiger wird.« Ich führe meine Hände, die nun aneinander liegen, wie einen Trichter auseinander.

»Weißt du, wenn es anfangs schon so gewaltig schlimm wäre, das wäre ja wie Spagat ohne Training zu machen. Aber auch, wenn es sich schon anfangs so krass anfühlt, dann begreifen wir doch erst Stück für Stück, was es bedeutet, wenn eine Mama, die man gerne hat, stirbt. Stück für Stück, wie beim Training für einen Spagat, begreifen und betrauern und schaffen wir immer mehr. Und dann, wenn die Leute denken: Jetzt ist genug Zeit vergangen, jetzt muss es wieder gut sein, dann verstehst du vielleicht grade erst, wie traurig und schlimm es ist, dass die Mama nicht mehr da ist. Und wenn du das nach und nach betrauerst und versuchst, Dinge zu ändern und zu tun, die dir hilfreich sind, dann wird es wieder gut – anders gut – werden.«

Alma hat aufmerksam auf meine Hände geschaut und genickt. »Ja, so fühlt es sich an«, bestätigt sie. »Und so ist das auch normal, oder?«, schiebt sie hinterher. »Ja«, antworte ich. »Das ist bei einer Mama, die man vermisst, eher normal als umgekehrt.«

Das hat die Natur gut eingerichtet, damit wir nicht wie vom Schlag getroffen werden, sondern Stück für Stück die neuen Wegetappen gehen, die nach einem schlimmen Verlust vor uns liegen.

Ein Brief aus der Zukunft

Auf der Messe »Leben und Tod« in Bremen sollte ich einen Vortrag zu Nachsterbegedanken in der Trauer halten. Ich fragte in unseren Jugendgruppen nach, ob jemand solche Gedanken kennen und davon erzählen würde. Ob jemand vielleicht einen Mutmach-Brief an sein vergangenes Ich schreiben würde.
Valerie schickte mir Gedanken und einen Brief an ihr »Damals-Ich« zu, den ich auch veröffentlichen darf. Valerie, danke dafür.

Liebes Damals-Ich,
nun ist es passiert, dass deine Mama gestorben ist. Ich weiß, dass dir das grade total unrealistisch vorkommt. Dein ganzes Leben über war deine Mama immer da: zur Einschulung, als du in die weiterführende Schule gekommen bist, als du dein Abi-Ballkleid gekauft hast. Selbst als du dich an der Uni eingeschrieben hast, hat Mama draußen gewartet, und danach wart ihr shoppen. In der Grundschule war Mama fast jeden Nachmittag zu Hause, und wenn du kamst, hatte sie was gekocht. Selbst als du schon 18 und an der Uni warst, hat sie dir morgens noch Frühstück gemacht, einfach, weil sie das gerne gemacht hat.
Es kommt dir jetzt so vor, als wäre da nicht nur ein Loch, weil jemand fehlt, sondern als würden *nie* wieder gute Dinge passieren. Du wünschst dir, auch du wärst nicht mehr da, nicht unbedingt tot, sondern einfach nicht mehr da, weil es so schwer ist, sich vorzustellen, allein ohne Mama irgendwann einmal ein Brautkleid zu kaufen, bei Familienfeiern ohne Mamas Torten zu sitzen und Mama nicht von all diesen schönen Dingen erzählen zu können.
Aber ich kann dir jetzt aus meiner eigenen Erfahrung erzählen und dir ganz ehrlich Mut für die Zukunft machen. Nämlich, dass es weitergeht und nicht nur so lala, sondern dass es gut weitergehen wird. Dein erster Lichtblick wird dein Patenkind sein, die kleine Tochter von Mamas Patenkind. Du musst ihr doch all die guten Dinge von deiner Mama erzählen und den leckeren Kuchen nach ihrem Rezept backen. Du wirst es jetzt kaum glauben, dass deine

Gruppenkinder bei der ersten Online-Gruppenstunde nach dem Corona-Lockdown sagen werden: »Wir haben deine Witze vermisst.«
Auch dein harter Kampf für das erste Wieder-vor-Ort-Ferienlager, damit es endlich stattfinden kann, wird sich lohnen, weil es so viele schöne Erinnerungen und Erfahrungen bringen wird.
Und später, nach den Lockdowns, wirst du feiern gehen, obwohl du immer gesagt hast, du magst das nicht. Und auf der Tanzfläche nachts um halb drei fällt dir plötzlich ein, wie Mama immer gesagt hat, dass du mal rausgehen sollst, weil, wenn man 18/20 ist, dann muss man doch in Discos gehen. Und es wird dich in dem Moment nicht traurig machen, sondern du wirst lachen müssen, und die Leute, mit denen du unterwegs bist, lachen mit dir, weil das einfach verrückt ist, dass du plötzlich feiern gehst.
Es ist gut, wenn du rausgehst, was mit Leuten machst, auch wenn der eine oder die andere sagt, das macht man doch nicht, wenn die Mama gestorben ist. Aber du wirst tief in dir wissen: Mama hätte dir genau das geraten. Liebes Damals-Ich, du hast jetzt schon die richtigen Leute um dich herum, mit denen man auch mal weinen kann und die mit dir nicht so reden, als würde man auf Eierschalen laufen – und das wird dir guttun.
Es wird dir guttun, wenn du neue Erinnerungen schaffst, neue Orte entdeckst und nicht überlegst, wie es weitergehen soll.
Du wirst deine Mama nie vergessen, denn du wirst sie in schöner und guter Erinnerung halten. Es wird weitergehen, aber dafür musst du neue Dinge erleben und weitergehen. Denn wenn du nicht weitergehst, wirst du nicht wissen, wie es weitergeht.
Sei mutig! Ich kann dir aus eigener Erfahrung sagen: Du schaffst das!
Liebe Grüße, dein Zukunfts-Ich

»Darf es mir gut gehen?«

Ein Elternpaar, dessen zehnjähriger Sohn vor sieben Wochen starb, sitzt mit mir im Garten beim LAVIAhaus. Er legt seinen Arm um ihre Schultern.

»Mechthild«, sagt die Mutter, »mir geht es, obwohl so vieles traurig ist, zurzeit irgendwie trotzdem gut. Zumindest manchmal. Ich habe wieder angefangen zu malen, und das macht mir sogar Spaß. Und Marcus und ich haben eine schöne Radtour gemacht. Aber gleichzeitig macht es mir ein schlechtes Gewissen …«

»Es macht dir ein schlechtes Gewissen, weil es dir und euch zwischendurch mal gut geht, obwohl euer Sohn tot ist«, ergänze ich.

»Ja, genau«, sagt sie. »Aber das ist doch irgendwie auch nicht so ganz richtig, oder?«

»O. k.«, sage ich. »Lass uns jetzt doch mal zusammen überlegen, was die Alternative wäre. Welches Gefühl musst du haben und zeigen – musst du es eigentlich nur anderen, dir oder eurem Sohn zeigen? –, damit es dem Verlust angemessen wäre?«

Sie überlegt. Dann lacht sie.

»Verrückt«, sagt sie. »Verrückt, dass man denkt, dass man keine Freude mehr empfinden dürfte.«

»Ja«, sage ich. »Du freust dich ja nicht, dass dein Sohn tot ist. Du freust dich, weil es dir zum Beispiel guttut zu malen. Oder über das Radfahren mit deinem Mann.«

»Das ist wahr. Und ich freue mich auch, dass wir uns trotzdem noch freuen können.«

Sie nickt ihrem Mann zu. Der wischt sich Tränen ab und nickt zurück. Streicht ihr über den Rücken und lächelt sie liebevoll an.

Wie schön, dass sie beide noch weinen, lachen und lieben können in ihrer verrückten Zeit.

Tanken nicht vergessen

»Denkt dran«, sage ich zu den Kursteilnehmer:innen aus meinen Familientrauerbegleitungs-Ausbildungskursen, »die Arbeit, die wir tun, ist anstrengend. Achtet darauf, dass ihr euch Auszeiten gönnt und auch andere Themen als immer nur Tod und Trauer in euer Leben lasst. Wir müssen mit unserer Energie haushalten, wir haben ja nur einen ›Tank‹ in uns, oder?«

So ähnlich erkläre ich auch manchmal trauernden Menschen das LAVIA-Trauermodell, das verschiedene Aufgaben zeigt, die auf dem Lebensweg von Bedeutung sind. Große Verluste bringen uns aus dem Gleichgewicht, und der Trauerprozess, der Begreifen, Akzeptieren, Fühlen, Verändern, in Beziehung gehen und auch Funktionieren beinhaltet, bringt uns auf Dauer wieder in Balance.

Trauerwege können sehr anstrengend sein, und manche Trauernde neigen dazu, durchgehend funktionieren zu wollen. Sie bemerken oft nicht, wie sehr das von ihrer Kraft zehrt. Schon das normale Leben gut auf die Reihe zu bekommen, kostet an manchen Tagen viel Energie, in Krisenzeiten umso mehr.

»Stellt euch vor, wir haben einen Energietank in uns«, sage ich oft und erzähle, dass mein Mann mir beim Kauf meines Autos sagte: »Fahr den Dieseltank niemals leer. Denn wenn das passiert, ist es sehr wahrscheinlich, dass die Einspritz- und Kraftstoffpumpe im Auto beschädigt wird. Das bedeutet eine teure Reparatur, mit Nachtanken ist es dann nicht mehr getan.«

Dieses Beispiel lässt sich gut auf uns Menschen übertragen; denn auch wir haben einen wertvollen Tank in uns, den wir nicht leerfahren dürfen. In Zeiten, in denen wir überlastet sind, in denen wir automatisch funktionieren und vorübergehend weniger Lebendigkeit spüren, verbrauchen wir mehr Energie als in anderen Zeiten. Sowohl im Auto wie auch in uns Menschen gibt es Warnzeichen und Signaltöne: Bauchschmerzen zum Beispiel, Zähneknirschen, einen Wutausbruch, weil die Nerven durchgehen, Schlaflosigkeit, Herzrhythmusstörungen, anhaltende Müdigkeit. Spätestens dann, wenn Zeichen wie diese auftreten, sollten wir auftanken, aber häufig geben wir doch wieder Gas und rasen an der Tankstelle vorbei. Es ist verrückt, auch auf Reserve kann mein Auto noch 200 km/h fahren, und ein erschöpfter Mensch kann tatsächlich auf den letzten Metern Höchstleistungen bringen. Aber wenn unser menschlicher Energietank bis auf den letzten Tropfen leer ist, dann haben wir wie bei einem Dieselwagen ein großes Problem. Wir bleiben auf der Strecke und kommen kaum noch einen Schritt weiter.

Ausschlafen, Sauna, ein freies Wochenende, nein, noch nicht einmal ein Urlaub kann uns dann wieder auf die Beine bringen. Die einen sprechen dann von einem Burnout, andere von einer Depression, mindestens von einer totalen Erschöpfung. Und auch wenn wir uns das Wort »Erschöpfung« anschauen, dann wird wortwörtlich deutlich, dass dies für eine innerliche Leere steht.

Deshalb brauchen wir in all unserem anstrengenden Tun hin und wieder Menschen, die uns in Extremzeiten liebevoll auf die nächste Tankstelle hinweisen. Fahren … und anhalten … müssen wir allerdings selbst.

Facettenreich

In der Trauergruppe für Eltern, deren Kind gestorben ist, sitzen wir mit elf Männern und Frauen um den Küchentisch im LAVIAhaus. In der Mitte liegen Eierplätzchen und bunte kleine Tuben mit Lebensmittelfarben.

Wie bin ich heute hier?

Wie ging es mir in den vergangenen Tagen?

Alle malen ihre Gefühle und Stimmungen als unterschiedliche Smileys auf die Plätzchen. Wie es einem grade geht, was derzeit los – oder weg – ist. Anschließend kann jede:r erzählen, warum das Plätzchen so bemalt wurde.

Simon hält zwei Kekse hoch. Der linke Keks hat die Mundwinkel nach unten gezogen: »Das hier«, sagt er trocken, »das hier ist ja so das Grundmodell.«

Alle gucken, dann lachen alle. *Alle!*

Weil alle verstehen.

Das Grundmodell drückt die Grundstimmung aus, weil es im Grunde einfach traurig ist.

Und dann hält Simon die andere Hand mit einem lachenden Smiley-Keks in die Runde, guckt seine Frau an und sagt: »Und da sind dann auch die schönen Momente.« Und sie lächelt.

Und alle anderen auch. Aus Rührung. Weil sie es selbst kennen, all das.

Und Simon erzählt uns, was in all diesem Scheiß, der Trauer, der Fassungslosigkeit und der großen Sehnsucht gut läuft.

Welch ein Segen, dass es die Vielfalt der Gefühle gibt.

Gute Gründe für das Leben

Die siebenjährige Lara ist zum ersten Mal im LAVIAhaus. Ihre Mama ist vor einem halben Jahr gestorben, und sie mag neben Papa höchstens noch mit der Trauerbegleiterin darüber reden. Sonst mit keiner und keinem. Nun spricht sie mit uns über ihre Mama, von der sie Fotos mitgebracht hat, und auch über ihre Sehnsucht.

Sie erzählt, wie gut ihr Papa kochen kann und dass Schule eigentlich Spaß macht, wären da nicht die drei Kinder, die sie immer ärgern. Und sie malt gerne, das mag sie auch an der Schule. Wir reden über das gebrochene Herz, und sie malt Dinge, die ihr guttun, wenn sie traurig ist, auf ein großes Heftpflaster, das so zum Trostpflaster wird.

»Gibt es auch Glitzerfarben?«, fragt sie, und wir verneinen. »Macht nix«, sagt sie und freut sich, als sie hört: »Wenn du das nächste Mal hierherkommst, können wir Trostsalbe mit Glitzer drin machen.« Dabei klatscht sie vor Freude in die Hände und sagt: »Glitzer hat mir schon immer geholfen!«

Dann fällt Laras Blick auf die große Wandtafel, auf der einige Begriffe wie Schalke 04, Liebe, Sport, Trauergruppe, Pommes rot/weiß, Pferde … notiert sind. »Was ist das?«, fragt sie neugierig. Ich erkläre ihr, dass hier Kinder und Jugendliche Dinge aufgeschrieben haben, weswegen es Spaß macht, am Leben zu sein.

»Ah«, sagt sie und dann lacht sie und sagt: »Ich weiß auch was. Darf ich das auch drauf schreiben?«

Und dann schreibt sie Großbuchstabe für Großbuchstabe in einem zusammenhängenden Wort:

WEILICHMEINESCHWESTERNÄRGERNKANN.

Gute Tage – schlechte Tage

Meine Mutter ist knapp über 90. Gestern lachte sie fröhlich, als sie sagte: »Ach, als ich letzte Tage bei der Apotheke war, habe ich mir danach noch zwei schöne Pullis gekauft.« Aus 70 Prozent Seide und 30 Prozent Alpaka. Das zu betonen ist für sie genauso wichtig, wie darauf hinzuweisen, dass der Kuchen mit »guter Butter« gebacken ist. Kriegsgeneration.

»Ich hatte einen guten Tag, da war das möglich«, sagt sie noch. Und auch, dass sie an so vielen Tagen merke, wie die Kraft sie verlässt und Sterben beginnt, Stück für Stück.

»Aber an den guten Tagen, da muss man sich einen Pulli kaufen und hoffen, dass noch ein paar gute Tage kommen, an denen man sie tragen kann.«

»Komm mal mit ins Schlafzimmer. Ich zeige sie dir.

Und da hängen sie auf einem Bügel, über eine weiße Bluse gezogen, ganz ordentlich. Die Pullis gefallen mir echt gut, sie hat Geschmack, meine Mutter. Einen davon würde ich dann mal gerne erben, sage ich ihr.

Was ich hier noch heute von meiner Mutter lerne bzw. bestärkt bekomme?

Gute Tage zu nutzen.

Sich was gönnen.

Sich selbst und einander.

Trotzdem

Nico geht nach dem Trauerbegleitungsgespräch mit mir durch die Räume im LAVIAhaus. Er ist 13 Jahre alt, sein Papa ist gestorben. Eigentlich wollte er gar nicht zur Trauerbegleitung kommen. Aber jetzt findet er es hier gut und gemütlich und interessant. Hätte er selbst nicht gedacht, sagt er.

»Hast du auch schon mal mit einem gesprochen, wo die ganze Familie gestorben ist?«, fragt er mich. Ich nicke.

»Und auch schon mal was mit Mord?« Ich nicke wieder, und er will mehr wissen. Als er hört, dass tatsächlich schon einige Kinder und Jugendliche nach einem Mord bei uns waren, meistens, wenn in einer Trennungssituation der Vater die Mutter umgebracht hat, wird Nico nachdenklich. Er überlegt und sagt dann: »Da müsste doch die Politik mal was machen. Man müsste so was machen wie ein Jugendamt für Erwachsene. Das müsste dann aber Altenamt heißen. Ein Haus, wo Leute lernen können, vernünftig miteinander verheiratet zu sein.«

Etwas später steht er vor der Fotowand im Flur und stellt Fragen zu den Familientrauerbegleiter:innen, die er dort auf den Fotos sehen kann.

»Was?«, fragt er, »von den beiden dort sind Vater *und* Mutter gestorben?« Er denkt nach. Man sieht, er fühlt auch nach.

Und dann sagt Nico: »Weißt du, was mir grade gut gefällt? Dass die beiden trotzdem noch so schön lächeln können.«

Mir geht das Herz auf. Und ich bin dankbar für jede Frau, für jeden Mann auf den Fotos an unserer Flurwand. Sie sind Hoffnungsträger:innen und Mutmacher:innen, auch für Jungs wie Nico.

Nicht normal

»Mechthild, wann bin ich endlich wieder normal?«, fragt mich der 24-jährige Marc, der nach dem plötzlichen Tod des Vaters so sehr traurig ist.

Im Studium fällt es ihm schwer, sich zu konzentrieren. Er schläft schlecht, weil er sich Sorgen um seine Mutter macht, die so viel weint und so unselbstständig wirkt. Auch ihm kommen immer wieder die Tränen, was er von sich nicht kennt.

»Marc, du bist normal! Du bist aber so was von normal für das, was grade bei dir los ist«, antworte ich. »Wenn dein Leben in Schieflage geraten ist, kannst du doch nicht erwarten, dass deine Gefühlslage in der Waagerechten bleibt.«

Ich nehme eine spezielle Wasserwaage zur Hand, die eine Vertikal-Libelle, eine Horizontal-Libelle und eine drehbare Winkel-Libelle hat. Mit dieser Wasserwaage kann man unterschiedliche Schrägen anlegen und ins Lot bringen.

Ich halte sie ihm hin: »Da, zeig mal, wie schräg dein Leben grade ist.«

Marc grinst, nimmt die Wasserwaage und dreht sie in einen Winkel von 45 Grad. »So ungefähr«, sagt er. Die Wasserblase, die man auch Libelle nennt, wabert hin und her. »Versuche einmal, die drehbare Winkel-Libelle zwischen die beiden schwarzen Linien zu bringen«, empfehle ich. Mit der Zunge zwischen den Zähnen und zusammengekniffenen Augen versucht der junge Mann, die Wasserblase auszurichten. Es gelingt.

»Schau«, sage ich daraufhin. »So ist es doch o.k. Solange du in Schieflage einigermaßen mittig im Lot bist, nicht zu doll drüber oder drunter, ist es doch o.k. Es wäre doch tatsächlich seltsam, wenn du in deiner Situation in der Horizontalen wärst wie all die, deren Leben derzeit nicht aus den Fugen geraten ist.«

Er nickt. Ich nehme ihm die Wasserwaage aus der Hand, drehe sie einmal komplett um: »Weißt du noch, anfangs, als durch den Tod deines Vaters dein Leben komplett auf den Kopf gestellt wurde?

Auch da hast du in der Extremsituation ziemlich viele Dinge gut hinbekommen – der Situation angemessen, oder? Guck hier, die Vertikal-Libelle. Und jetzt stehst du auch schon nicht mehr Kopf, sondern hast eine Schieflage erreicht. Unglaublich, es ist eine Steigerung.« Marc lacht. Eigentlich weiß er es ja selbst, dass es nicht so ganz normal ist, mit 24 Jahren den toten Vater zu verabschieden, die Beerdigung mit zu organisieren, das Erbe und die Rente zu regeln.

»So ein Teil kaufe ich mir gleich im Baumarkt und hänge es mir an die Wand. Schräg natürlich«, verabschiedet er sich mit einem verschmitzten Lächeln.

»Natürlich«, antworte ich. »Anders wäre auch nicht normal.«

Selbstverständlich

Wir sitzen mit einigen Jugendlichen im LAVIAhaus am Küchentisch und sprechen über dies und das, was traurig ist, was schon wieder gut funktioniert, und auch über das, was fehlt.
Wir sprechen über die scheinbaren Selbstverständlichkeiten, die im Alltag so normal und manchmal sogar nervig sind. Diese Selbstverständlichkeiten, die heute wertvoll sind, so wertvoll, wie man es nie wahrgenommen hat, als sie noch – wie selbstverständlich – da waren.
Und wir reden auch über das Vermissen und das Sehnen. Pia sagt: »Mir fehlt es, nach Hause zu kommen und davon zu erzählen, was im Studium los war. Denn wenn ich nach Hause komme, ist alles still.«
Helena reagiert: »Verrückt, oder? Dabei würden wir den Eltern doch wahrscheinlich gar nicht so viel erzählen, wie wir es uns heute denken, oder?«
»Stimmt«, sagt Pia. »Aber man konnte, wenn man wollte. Und jetzt geht es eben nicht mehr …«
Und mir werden die »nicht selbstverständlichen Selbstverständlichkeiten« wieder bewusster.
Von einer Witwe weiß ich, dass sie ihrer Schwester, die sich von ihrem Mann trennen wollte, riet: »Bedenke, dass dir dann nicht nur die Dinge fehlen, die dich nerven. Und vielleicht fehlen dir sogar diese.«
Ja, und nun werden wir auf unserer großen Wandtafel im LAVIAhaus eine Liste von Dingen, die uns »selbstverständlich« fehlen, aufschreiben.

Tränende Herzen

»Mechthild, Muttertag macht mich fertig«, schreibt mir eine Mutter per Mail, deren Sohn im letzten Jahr starb. »Ich empfinde Neid und würde so gerne mit euch darüber reden.«

Und so sprachen wir in der Trauergruppe vor Mutter- und Vatertag über das Thema »Neid«.

Ursprünglich hatten wir im Team die Idee, Vergissmeinnicht-Blumentöpfe mit Erinnerungen an die Kinder beschreiben zu lassen. Aber als ich in der Gärtnerei nach Vergissmeinnicht fragte, stellte sich heraus, dass sie ausverkauft waren. Als ich dem Verkäufer schilderte, wofür wir die Blumen mit dem besonderen Namen benötigt hätten, empfahl er mir rote und rosafarbene »Tränende Herzen«, eine Blumensorte aus der Familie der Mohngewächse.

Tränende Herzen, was für ein passender Name für eine Blume, mit der wir einen Abend zu Mutter- und Vatertag in der Trauergruppe für verwaiste Eltern gestalten wollten. Es gab nur einen Haken: Diese Blume muss direkt im Freien wachsen, zum Beispiel im Garten oder auf dem Friedhof.

Und so änderten wir unseren ursprünglichen Plan, einen Blumentopf zu beschreiben, und besorgten stattdessen für jedes Elternteil ein breites Düngestäbchen und einen Eddingstift.

Der »Auftrag« lautete nun: Schreibe auf dein Düngerstäbchen, weshalb dein Kind Glück mit dir als Vater oder als Mutter hatte. Denn wenn das Kind es heute den Eltern nicht mehr persönlich sagen kann, drehen wir die ganze Sache einfach um.

Erstaunen. Lachen. Ja, das war schon ein verwunderlicher, aber nicht uninteressanter Auftrag. Die einen dachten erst nach, die anderen schrieben direkt los.

Möchtet ihr wissen, wieviel Liebe auf ein Düngestäbchen passt? Verdammt viel, es war so spürbar.

Inzwischen sind die »Tränenden Herzen« an besonderen Orten eingepflanzt, und die Mutter- und Vaterliebe aus den Düngestäbchen fließt dort mit ein. Genauso wie die echten Tränen, die geweint werden. Denn Trauer ist ja auch Liebe.

Wahre Größe

Nachdem wir in der Elterntrauergruppe zu Abend gegessen haben, geht der LAVIA-Gefühlsstein mit seinen sechs Symbolen Smiley, Träne, Herz, dunkle Wolke, Punkte und Sonne im Kreis herum. Die Väter und Mütter, deren Kinder verstorben sind, nehmen ihn nacheinander in die Hand, um ein Zeichen zu finden, das ihr aktuelles Gefühl beschreibt.

Christine wählt das Herz aus. Dazu sagt sie: »Ich bin mit dem Herzen hier, denn mein Herz ist voller Trauer. Und immer wieder höre ich die Frage: ›Und? Ist deine Trauer denn schon ein kleines bisschen weniger geworden?‹« Sie blickt vom Stein auf, seufzt und sagt dann: »Aber wie soll denn die Trauer um mein schönes Kind weniger werden? Mein Kind wird für immer tot sein, und das wird deshalb für immer gleich traurig sein. Letztens habe ich ein Bild gesehen, das mir so guttat. Darauf waren im oberen Bildteil drei Gefäße zu sehen, in denen jeweils eine gleichfarbige Kugel lag. Eine große Kugel, eine mittelgroße und eine ganz kleine. Das Bild steht symbolisch dafür, wie viele Menschen die Trauer einordnen: Erst ist es ganz schlimm, dann etwas weniger, noch weniger und mit der Zeit soll die Trauer vielleicht sogar ganz weg sein?«
Alle in der Runde hören Christine gespannt zu, als sie fortfährt: »Im unteren Bild waren ebenfalls drei Gläser abgebildet. Die gleichfarbigen Kugeln darin, die ebenso für die Trauer stehen, waren alle gleich groß – als Zeichen dafür, dass der Verlust gleichbleibend traurig ist. Aber was so spannend war: Die Gefäße wurden immer größer. Das erste Glas wurde von der Trauer-Kugel fast ganz ausgefüllt. Dann wurde das Glas größer, so wie unser Leben, das ja weitergeht und sich trotz des Todes erweitert, unsere Gedanken und unsere Hände, die sich nach und nach auch mit anderen Dingen beschäftigen, neue Räume schaffen. Und wenn der Lebensraum größer wird, füllt die Trauer auch nicht mehr den ganzen Raum aus. Aber die Trauer, die wird immer ihre wahre Größe haben.«

Christines Beschreibung und ihre Worte haben mich berührt: der Trauer eine wahre Größe geben, welche Ehrerweisung für die verstorbene schöne Tochter.

Christi Himmelfahrt

»Ach, Nero«, sagte meine Mutter im vergangenen Jahr zu unserem Familientrauerbegleitungshund, der ungefähr 13 Jahre alt und wie meine Mutter schon echt gebrechlich, aber »klar im Kopf« ist. »Wir beide machen auch bald zusammen Christi Himmelfahrt …«
Nero guckte sie treu an und wedelte mit dem Schwanz.
Weihnachten 2021 sah es so aus, als würden sie sich beide auf den Weg machen.
Es ist verrückt, oft geht es ihnen parallel gut oder parallel schlecht. Heute sieht es, obwohl wir den Feiertag »Christi Himmelfahrt« haben, nicht danach aus, als würden sie auf die Startbahn gehen.

Manchmal kommen sich alte Menschen so vor, als hätte man sie im Wartebereich am Flughafengate vergessen. Einfach sitzen gelassen. Meine Mutter würde gerne starten, voll interessiert und erwartungsvoll sehen, was da noch kommt. Ihren Mann will sie wiedertreffen, sie hatte sich doch schon im Dezember darauf gefreut.

»Genieße doch noch dein Leben hier«, sagen manchmal andere Menschen in solchen Situationen. Aber ich stelle es mir so vor: Erinnert euch mal an einen schönen Urlaub, der so gut war, dass er ausreichend war. Ausreichend, weil er lang genug genossen war. Genug, sodass man gar nicht mehr im Urlaub bleiben will, sondern sich auf zu Hause freut. Ich glaube, so fühlt meine Mutter.

Bei den Pfadfindern gibt es ein Zeichen dafür: einen Kreis mit einem Punkt darin. Es bedeutet: »Aufgabe erfüllt, bin nach Hause gegangen.«
Aber vermutlich haben beide – Nero und meine Mutter – hier noch eine Aufgabe zu erfüllen. Auch gut.

Wo das Glück auch wohnt

Und dann tritt der Mann, Vater und Witwer, von einem Fuß auf den anderen. Wirkt etwas verlegen und aufgeregt. Holt dann hinter seinem Rücken eine runde Dose hervor und sagt: »Da. Das ist für dich. Für euch.«

Ich öffne die Dose und hole eine Kerze raus. Auf ihr steht »Hier wohnt das Glück«.

Einfach so, ohne Ausrufezeichen. Ganz einfach, ganz schön.

Und er sagt: »Als ich die gesehen habe, dachte ich: Wenn nicht bei euch das Glück wohnt, wo denn dann?«

Das sagt der Mann, der zu uns kommt, nachdem seine Frau sich das Leben genommen hat. Der aus der Eifel kommt, der zur Jugend- und Elterngruppe zwei Mal im Monat zwei Stunden zu uns ins Ruhrgebiet fährt, zwei Stunden bleibt und zwei Stunden zurückfährt. Der Mann, der mit seinen Jungs hier bei uns über Traurigkeit redet und neuerdings auch auf der Rückfahrt im Auto.

Das Glück wohnt hier, obwohl oder vielleicht gerade weil hier über Traurigkeit gesprochen wird. Es wohnt da, wo man gesehen wird.

Und ich lache. Könnte auch ein bisschen heulen. Vor Freude und Dankbarkeit.

Und er freut sich auch.

Über die Autorin

© Martin Möller

Mechthild Schroeter-Rupieper

ist seit mehr als 30 Jahren erfahrene Familien-Trauerbegleiterin, sie hat die Familientrauerarbeit in Deutschland begründet und begrifflich etabliert und ist Inhaberin von »Lavia – Institut für Familientrauerbegleitung« in Gelsenkirchen. Dort lebt sie mit ihrem Mann und drei Söhnen.

Ihre Erfahrung: »Nicht das Trauern, sondern das Nicht-Trauern kann krank machen.« Deshalb begleiten sie und ihr Team das Abschiednehmen – als Akuthilfe für eine trauernde Familie, in Einzelbegleitungen, durch Wein-Abende, in Trauergruppen für Kinder, Jugendliche und junge Erwachsene u.v.m.

Sie hat die gemeinnützige »LAVIA-Familientrauerbegleitung gGmbH« gegründet. Mit Spenden von Privatpersonen, Vereinen und Unternehmen möchte sie ermöglichen, dass junge Familien, in denen Kinder, Geschwister, junge Eltern oder Partner:innen versterben, schnell und kompetent Hilfe zur Selbsthilfe erhalten.
www.lavia.de
www.familientrauerbegleitung.de

Über das Ruhrgebiet und NRW hinaus ist Mechthild Schroeter-Rupieper eine gefragte Referentin.

Als Entwicklerin des LAVIA-Trauermodells und Mitbegründerin der Familientrauerarbeit in Österreich und der Schweiz ist sie im deutschsprachigen Raum als Fortbildungsreferentin und als Dozentin an der Universität Witten/Herdecke tätig.

Mit dem »Gütesiegel Familientrauerbegleitung« – gemeinsam entwickelt mit Alexandra Eyrich (ZwischenGeZeiten, Bamberg) – werden europaweit Personen zertifiziert, die sich gemäß den Prüfungsstatuten der Basis- und Aufbaulehrgänge bei LAVIA / ZwischenGeZeiten qualifiziert haben.

Bei Patmos hat Mechthild Schroeter-Rupieper zahlreiche erfolgreiche Bücher über Abschied und Trauer veröffentlicht – für Trauernde ebenso wie für Trauerbegleiter:innen.
Eine kleine Auswahl s. Seite 150 f.
Mehr unter
www.verlagsgruppe-patmos.de/autor/mechthild-schroeter-rupieper-2290

Mechthild Schroeter-Rupieper
Gemeinsam trauern – gemeinsam leben

32 Seiten, geheftet, 2. Auflage der überarbeiteten Neuausgabe
ISBN 978-3-8436-0093-4

Wie Weihnachten feiern, wenn Papa den Baum nicht mehr schmückt? Wie Urlaub machen, wenn Mama nicht mehr dabei ist? Wie sich jemals wieder über den Frühling freuen, wenn das Geschwisterchen nicht mehr wie sonst immer strahlend die ersten Blumen begrüßt? Eines ist bei aller Unsicherheit gewiss: Es geht nur gemeinsam. Dieser Kalender unterstützt Familien dabei, mit der Trauer leben zu lernen. Gestaltungsideen und kleine Rituale, passend zu den Jahreszeiten, ermöglichen Eltern und Kindern, ihre Trauer und gemeinsam eine neue Form des Zusammenlebens zu finden.

Jule Kienecker / Mechthild Schroeter-Rupieper
Hilf mir, wenn ich traurig bin
Ein Buch zum Trauern, Erinnern und Abschiednehmen

96 Seiten, Klappenbroschur, durchgehend illustriert, 2. Auflage
ISBN 978-3-8436-1154-1

Hilf mir, wenn ich traurig bin! Rede mit mir, male mit mir, schweige mit mir, sei wütend mit mir, lache mit mir. – Wenn Kinder trauern, hilft es ihnen ungemein, wenn Erwachsene an ihrer Seite sind, die die kindlichen Gefühle ernst nehmen und sich einfühlen können. Dieses außergewöhnliche Buch hilft Kindern und Erwachsenen in Trauersituationen, spielerisch ins Gespräch zu kommen, zu verstehen und auf kreative Weise Gefühle auszudrücken. Die behutsamen wie anregenden Illustrationen sprechen Kinder und Erwachsene gleichermaßen an und lassen Raum für die eigene Kreativität.

Flor Schmidt
Mit einem Vorwort von Mechthild Schroeter-Rupieper
Mit Heilpflanzen durch die Trauer
Ihre Wirkung auf Körper und Seele
Mit einfachen Rezepten und heilsamen Anwendungen

176 Seiten, Klappenbroschur, durchgehend vierfarbig, mit zahlreichen Abbildungen
ISBN 978-3-8436-1377-4

Flor Schmidt stellt heimische Heilpflanzen vor, die in Zeiten der Trauer den Körper stärken und zugleich die Seele berühren können. Wir lernen die Botschaft und Bedeutung der Pflanzen kennen und erleben ihre wohltuende Wirkung im Trauerprozess. Die Trauerbegleiterin und Heilpflanzenexpertin stellt 20 Heilkräuter mit einem kurzen Steckbrief und ihrer therapeutischen und volksheilkundlichen Wirkung vor, auch Nebenwirkungen und Kontraindikationen werden benannt. Einfache Rezepturen und Anwendungen mit jeder Pflanze ermöglichen, den körperlichen und seelischen Krisensymptomen zu begegnen. Heilbad und Schlafwein, Massageöl und Blütenkeks, Duftsäckchen und Fußpuder entfalten ihre beruhigende oder stärkende, klärende oder stimmungsaufhellende Wirkung. Ein einzigartiges Buch für Trauernde und alle, die sie unterstützen.